U0114910

吾國 吾港

獅子山下的講述

辛華 ——主編

目錄

五、守望

序

　　一卷在手，細細品讀。讀的是故事，品的是香港人的家國情懷和拚搏奮進的精神內涵。

　　這本書是新華社駐香港記者近年來採集的部分香港人物故事，描寫了香港老一輩的奮鬥、年輕人的追求，也寫下了香港的文化傳承、香港人的守望相助。我覺得這本書最值得稱道的，是寫作者對香港歷史的真切體味，對香港社會的細微觀察，對香港人向上向善的心靈書寫，對香港發展繁榮的真誠祝願。這些故事，或熟悉或陌生，像一扇扇窗，從中看到的是一幅幅個體與香港和祖國同命運的時代畫面。有些社會斷面是我這個香港人也未曾注意到的，被有心人挖掘出來，新的視角、新的感悟，又別開生面。故事中的精神追求也讓我思考，在香港面臨更多挑戰的今天，我們應當提倡什麼樣的香港精神？為香港人的初心傳承注入什麼樣的新內涵？

　　老一輩香港人為何受人敬重？不僅僅是他們胼手胝足建設了繁榮的香港，也不僅僅是他們白手起家給後輩們打下偌大家業，更是他們身上有逆境中自強不息的精神，困難中樂觀豪邁的氣魄。最為難得的，是他們始終以赤子之心，懷家國之念。我常常想，是不是正因他們心胸寬廣，視野超越自我，才能跟上時代腳步，順應時代大勢，創出讓後人尊崇的事業？

　　“獅子山精神”，大家耳熟能詳。有了香港人勤奮努力、自強不息、同舟共濟、不屈不撓的拚搏精神，才成就了“東方之珠”。現在來思考，覺得“獅子山精神”能引發香港人共鳴，可能有這樣一個因素：就是它所反映的是香港普羅大眾的打拚，基層百姓通過雙手改變命運更能體現香港人的精神追求。

　　我自己出身於普通人家，小時候的艱難、成人後的經歷，讓我對香港人的努力打拚、逆境自強特別有體會，也對香港人、香港社會的韌性特別有信心。難道不是嗎？這麼多年，香港經歷了多少風雨考驗，但風雨之後，總能見彩虹。“同舟人，誓相隨”，“理想一起去追”。我希望大家一起努力，攜手向前，續開新篇，共同來建設一個關愛共融，有發展、有希望、有活力的新香港。

　　時代在變，但國家發展、香港前進的大勢不會變，香港人奮發向上的精神追求不會變。今年是香港回歸祖國 25 週年，是"一國兩制"實踐新的歷史時刻。我曾說過，"當今世界大變，惟勇者勝。"在時代挑戰面前，我們更應挖掘、弘揚香港人優良的精神特質，依靠國家這個堅強後盾，把香港進步的命運緊緊握在手中。

　　希望讀到這本書的人都能感悟到精神的力量。

　　謹此為序。

香港特別行政區行政長官　李家超

2022 年 7 月

一

家國

這裏是一段屈辱史的起點，卻積澱了濃厚的家國情懷；這裏是殖民教育最不遺餘力的地方，一百五十年的歐風美雨卻從未洗去最深沉的底色。

愛國是歷史傳承，如霍英東，如曹光彪，赤子之情代代相傳，綿延不絕。愛國又是時代召喚，如知名演員任達華，如曾經"國家概念空白"的公務員，為時代所感悟，走上堅定的愛國之路。

香港同胞的家國情懷，既樸實，又堅定。這裏有愛國學校的堅韌不拔，如香島中學，如鮮魚行學校，幾經打壓，屹立不倒。這裏有香港紀律部隊，在新時期樹立守土衛安、勇毅擔當新形象；有香港電視人，為國家脫貧事業進深山、攀絕壁，愛國路上展現新作為。

中華民族遭受苦難的每一個歷史時期，都有香港同胞奮不顧身，吶喊、抗爭、流血；中華民族偉大復興的每一個歷史進程，都有香港同胞榮辱與共，建設、奮鬥、奉獻。只有深切認識香港同胞的家國情懷，才會真正理解"香港同胞"四個字意味深長。

（王旭）

一個香港家族與中共的親密合作

王旭

2006 年 10 月 28 日，香港著名愛國人士霍英東逝世。新華社消息中一句 "中國共產黨的親密朋友"，道盡其精彩一生。

如今，霍英東雖故去十多年，但與中國共產黨的親密合作，已成為霍家三代人的傳承。

打破封鎖

70 年前，新生的共和國面臨美國為首的西方國家最嚴酷的禁運政策，禁運種類達 2100 多種。從事運輸業的霍英東毅然選擇與中國共產黨合作，冒著巨大風險將物資輾轉運往內地。

霍英東長子霍震霆當時僅五六歲。在他記憶中，父親那時很瘦，每天只睡兩三個小時。"但我父親很堅持，對國家有利的事，他一定會做。"

次子霍震寰告訴記者，在別人看來，霍英東是 "最笨的"。"因為他運輸的是最便宜、賺錢最少的。但那卻是國家最需要的，其中就有黑鐵皮。當時前綫打仗，黑鐵皮是做汽油桶用的，國家很缺。"

中國共產黨從不忘記在危難之際出手相助的朋友。1964 年，霍英東受邀參加新中國成立 15 週年慶典。

霍震霆說，那是父親第一次到北京，見到了新中國嶄新的精神風貌，也感受到了國家領導人對他的禮遇。

如果說此前幫助新中國是出於樸素的家國情感，那麼此後認同新中國、

報效國家則成為他理念和事業的出發點。

霍英東幫助新中國打破封鎖的故事流傳很廣。霍家長孫霍啟剛認為，在國家最困難時發揮香港所長、幫助國家走出困境，這種"患難之交"是霍家與中共建立合作的基礎和開端。

年齡較小的霍啟文始終記得爺爺對他說過的話："國家不強大的話，哪怕我們每個人都富有，擁有多少的東西其實都是假的。只有國家強大，才能保護我們每個百姓。"

體育突破

新中國長期受西方全面圍堵，體育是其中一個重要領域。

霍英東熱愛體育。他的幾個孫子都談到，爺爺對他們沒有什麼要求，就是要鍛煉身體。霍啟剛說，爺爺搞體育，不光是為了強身健體，他看中的是體育的感染力、凝聚力。

20 世紀 70 年代，恢復聯合國合法席位的新中國逐漸打開對外交往的大門。1974 年德黑蘭亞運會給中國突破西方在體育領域的封鎖提供了契機。

霍震霆那時已是父親的左膀右臂，直接參與了一系列重要活動。他帶著香港自行車隊參加德黑蘭亞運會，和父親一道為恢復中國在體育界的合法席位東奔西走，先後幫助中國恢復了在亞足聯、亞羽聯、亞自（自行車）聯等國際單項體育組織中的合法席位，為中國在 1979 年重返國際奧委會打下了堅實基礎。

申辦奧運，是霍英東最大的夢想。

北京拿到 2008 年奧運會主辦權時，健康狀況已不允許霍英東到莫斯科現場。霍震霆電話打到香港時已是深夜："父親放下電話就去游泳，用一個很簡單的行動表達夢想實現的喜悅。"

當北京奧運會舉行時，霍英東已離世。談到此，霍震霆聲音顫抖："儘管他沒能看到香港奧運火炬的傳遞，沒能看到香港萬眾一心的熱烈氣氛，也沒能看到壯觀的北京奧運會開幕式，但中國能圓'奧運夢'，我覺得對他老人家已經是蠻安慰了。"

實現體育承載的強國之夢，在霍家第三代人身上延續。

"爺爺那個時代是通過體育，希望我們國家在國際上有話語權。"霍啟剛說，"我們這個年代是全民體育的時代。我們一直在思考，怎麼把體育產業弄起來，讓更多老百姓尤其是年輕人參與其中，用體育把社會凝聚力、社會正能量發掘出來。"

霍啟剛還在思考如何藉助體育促進香港與內地融合："我希望有一天，粵港澳大灣區一起舉辦全運會，甚至申辦世界游泳錦標賽這樣的比賽。"

與爺爺一樣最愛足球的霍啟山，心中有一個世界杯之夢："我作為執委參與亞洲足協，幫助國家爭取到了 2023 年亞洲杯，希望下一步爭取世界杯來到中國。我們一定可以在國際體育舞台講好我們的中國故事。"

改革先鋒

1978 年，中共十一屆三中全會吹響了改革開放的號角。霍震霆清楚記得，就在聽到三中全會召開的當天，霍英東作出了在廣東中山興建溫泉度假酒店的決定。

隨後，廣州白天鵝賓館、北京貴賓樓飯店相繼建成，番禺南沙的開發更是傾注了霍英東無數心血。

霍震寰一直幫霍英東做投資。改革開放初期，沒有前路可循，霍英東最多的精力花費在打破常規、為內地開闢新路上："早期內地涉外酒店，本地人進去要有單位介紹信。我父親說，我們自己人怎麼都不能進自己的酒店？他要求白天鵝賓館向社會開放。這應該是內地第一家向社會開放的涉外酒店。"

霍啟剛回憶："爺爺總想著如何幫助國家更上一層樓。比如建北京貴賓樓飯店，是因為北京要辦亞運會。20 世紀 90 年代北京還缺少國際水準的酒店，他希望我們國家第一次迎來這麼重要的運動會時，可以有一個比較靚麗的條件去接待外賓。"

霍英東先後投資 100 多億港元，支持內地重大基礎設施建設和教育、文化、衛生、體育事業發展。在香港回歸這一重大歷史進程中，霍英東也以他在香港的威望發揮了獨特作用。

對霍英東的貢獻，國家給予高度肯定。2018 年，霍英東獲得"改革先鋒"稱號，港澳人士中只有 5 人獲此殊榮。

談到國家對霍英東的褒獎，霍震霆說："父親常說，他為國家做的是很小的事，就像對海洋而言的一滴水。"

同舟共濟

1983 年，霍英東罹患癌症，主治醫生建議他去美國治療。

"但他堅決要去內地。" 霍震霆說，他更相信我們國家的醫生，相信我們國家的體制，所以去了北京協和醫院。整個過程都能感到中央領導對他的重視，"作為家屬，我們非常感動。"

"這是信任，也是感情。" 霍啟剛說。經過醫院的精心治療，霍英東的病情得到了控制，20 年沒有復發。

2006 年，霍英東去世，黨和國家給予他極高的禮遇。如今，霍家第二代寶刀未老，第三代也已走上事業發展的舞台。

對第三代霍家人來說，怎樣做好香港青年的工作，幫助香港青年真正認識內地、認識中國共產黨，是最重要的課題。

已是全國政協委員的霍啟剛說："今年（2021 年）是中國共產黨成立 100 週年，從小紅船開始到現在，共產黨對國家的貢獻、對香港的貢獻，很多故事我覺得講得不夠。回歸 20 多年了，我們這一代有責任多關注、多理解、多貢獻、多參與。"

在霍啟山看來，每一代都有每一代的使命："爺爺那一代一直參與改革開放，是協助中國富起來；到爸爸那一代就是協助中國走出去；我們霍家第三代，重要的是在國際舞台講好中國故事。"

在霍啟文眼中，每一代更有每一代的機遇："到我們這一代，我覺得機遇更多了。你看現在的大灣區、'一帶一路'，是改革開放的新階段。人民富起來，這就是最大的機遇。"

一代人老去，新一代人接棒。霍家與中國共產黨的合作正在延續，香港新一代青年融入國家發展大局的步伐正在加快，潮流勢不可擋！（新華社香港 2021 年 6 月 18 日電）

曹光彪：畢生所做皆為國家所需

朱宇軒　顧小立

2021 年 4 月 25 日是清華大學 110 週年校慶。據清華大學官網消息，在校慶之際，清華大學收到了一份特殊的禮物：香港愛國實業家曹光彪臨終囑託，將自己名下的財產全部捐贈，助力清華大學服務國家富強、民族復興、人民幸福。

2021 年 3 月 12 日凌晨，曹光彪與世長辭，享年 101 歲。香港媒體對這位"世界毛紡大王"、"港龍之父"的辭世紛紛予以報道，稱讚其為改革開放後首批赴內地投資興業、"畢生所做皆為國家所需"的香港愛國實業家。

曹光彪長子曹其鏞、幼子曹其東日前接受新華社記者專訪，講述了父親波瀾壯闊、愛國愛港的一生。"父親只不過做了每位中國人應該做的。"曹其鏞在記者面前極為低調，一如他的父親。

抗美援朝時期的香港"買手"

20 世紀 50 年代，香港著名愛國商人霍英東頂著港英當局的重重壓力，組織頗具規模的船隊，把藥物等大量急需物資從香港運回內地，為抗美援朝和新中國建設作出重大貢獻。

很少有人知道，在這段眾所周知的故事裏，在這條突破西方禁運的運輸鏈條中，負責最前端採購和把藥品送到霍英東船隊手中的就有曹光彪。

在抗美援朝戰爭爆發前一年曹光彪才遷至香港，他是如何能在港英當局的嚴密控制下採購到大量"違禁"物資？曹其東說，答案在於父親曾在二戰期

● 香港愛國實業家曹光彪 （翻拍照片）新華社 發

間接濟過流落上海的猶太難民。

祖籍寧波的曹光彪 17 歲輟學接管父親在上海的"鴻祥"呢絨店。他年紀雖小卻待人和氣、機靈敏銳,僱用了十幾位猶太難民,讓他們沿著外國人工作和聚居的街道銷售西裝料子,逐漸打開了銷路,生意做得有聲有色。

二戰結束後,這些患難之交回到歐洲和美國,他們視曹光彪為救命恩人,成為他可靠的供應鏈。"藥品、五金、工具……當時什麼都缺,什麼都買不到。"曹其東回憶說,面對物資短缺的困境,曹光彪急祖國所急,聯繫曾經的猶太僱員,懇請他們在世界各地幫忙搜羅物資,並突破層層封鎖運至香港。

打開"補償貿易"之門的先行者

1978 年,內地百業待興。曹光彪拜會時任中國紡織品進出口總公司總經理陳誠宗,了解到國家希望把國產毛紡產品銷往海外以多創外匯。曹光彪即刻決定,在內地投資開辦一家毛紡廠。

彼時,中共十一屆三中全會尚未召開,外資對內地還在觀望,內地也尚未有明確法規，曹其鏞不贊成父親的"冒進"。

"我們當時的業務主要在國外，葡萄牙、印度、毛里求斯、東南亞多國都有我們的工廠。如果是為了賺錢，在內地辦廠不是一個穩妥的選擇。"工科出身的曹其鏞十分謹慎。

曹光彪當時已成為享譽世界的"毛紡大王"，他創辦的永新公司業務遍及全球。他發現，內地生產的毛紡品從質量到包裝、設計，都難以滿足國外要求，於是草擬出一個香港出資、內地辦廠的計劃，由陳誠宗報送中央，開"補償貿易"之先河，為國家打開了創收外匯的新渠道。

香洲毛紡廠在珠海開辦。"父親說必須得做，哪怕虧掉所有投資也值得做，因為這對國家發展有用。"曹其東說。此後，曹光彪又陸續在內地投資了60多個項目，涵蓋紡織、成衣、電子、化工等產業，橫跨祖國南北。

打破英資航司壟斷的"港龍之父"

港英時期，香港民航業由英國太古集團控股的國泰航空長期壟斷，中國地區的航綫以香港往返北京、上海為主，航班也遠不如國際航綫頻繁。

1984年簽訂的《中英聯合聲明》附件一《中華人民共和國政府對香港的基本方針政策的具體說明》中，有一條對航空政策的具體說明：在香港註冊並以香港為主要營業地的航空公司和與民用航空有關的行業可繼續運營。

能否打破英資對航權的壟斷，在香港創辦一家華資主導的航空公司？

不同於勞動密集型的紡織業，航空業需要高端技術和管理，需要海量資本，更需要政策博弈、航權爭奪，曹光彪義無反顧地承擔起這一使命。全程參與港龍航空創辦的曹其東只用一句話概括當年父親的決心："父親說得做，我們就做了。"

1985年，港龍航空問世，阻礙隨之一波波到來。港英當局以港龍航空須取得英方指定航空公司的資格為由，要求港龍航空出示公司大部分股份由英籍人士控股的證明。

　　港龍航空被迫進行大規模資本重組。港龍完成資本重組不足數月，港英當局又宣佈一條新的航空政策：一條航綫只能由一家航空公司運營，最先獲發牌照的公司自動獲得獨家運營資格。

　　由於國泰航空壟斷了香港至北京、上海等高客流、高利潤的航綫，港龍航空被迫從內地其他航點入手，最終獲得了香港往返廈門、杭州、南京、海口、桂林等城市的航綫。港龍發展一路坎坷，曹光彪曾公開斥責港英當局不遺餘力偏祖國泰航空和英國的利益。

　　"最開始，我們只有一架飛機，別人說我們是'天上有，地下無'。"即使時隔逾 30 年，回憶起港英當局的打壓，現年 70 歲的曹其東仍記憶猶新。

　　自 1990 年開始，港龍多次股份重組，最終於 2006 年成為國泰航空的子公司。受新冠肺炎疫情影響，國泰航空去年（2020 年）宣佈停運旗下國泰港龍航空，結束了其 35 年的歷史。

　　回想起商戰的波詭雲譎，曹其鏞擺擺手說："作為一個商業項目，港龍航空失敗了；但作為一個香港品牌，港龍是港人乃至中國人的驕傲。"

　　曹其鏞坦言，從賺錢的角度來說，父親投資的項目中 95% 都是不成功的,"但父親始終堅持,只要國家有需要,我們都要盡力去做"。

"國家有需要"是曹光彪一生的信念。他受教育程度不高,從未涉足科技領域,但深信"中國未來發展在於科技",早在 1996 年就向清華大學捐資設立高科技發展基金。

即使是在 77 歲高齡,曹光彪仍心繫祖國科技發展,在寧波老家投資收購了一家光學儀器廠,立志發展高端科研儀器。如今,他投資創辦的寧波永新光學股份有限公司多次參與國家航空探測工程,生產的光學鏡頭在多個航天項目中都有運用。可以說,這是曹光彪晚年最感欣慰的事。

"父親人生百年,做了許多愛國、為國、強國的大事和好事,直至生命的最後一息。"子女最後用八個字給父親曹光彪的一生作注解 —— 精彩人生,瀟灑告別。(新華社香港 2021 年 4 月 26 日電)

中式步操"首秀"的台前幕後

陸敏　朱玉

安靜已久的觀眾席突然騷動，當香港警察儀仗隊肩扛的旗幟頂端出現在檢閱場的入口時。

所有的人都抱有期待，因為預知當天中式步操即將亮相。

已隱約可見的國旗、香港特別行政區區旗和警旗，證明了一點：從升旗禮開始到隊列表演，觀眾將在這裏看到由香港警隊主持的、純中國風的隊列。

——因為中式隊列護旗手們手中的旗幟是上肩的；而既往的英式隊列，即使升旗，旗幟在升起之前是手捧入場的。

這是有 177 年歷史的香港警察自成立以來，在正式場合第一次邁出的中式步伐。

口令首次由英語改為廣東話

升旗禮後，面向觀眾席正步走 15 步，全體立定。

儀仗隊發令員、香港警察學院操練及槍械訓練總督察盧宜頌大聲宣示："香港警察，忠誠護國安，勇毅保家安！"

忠誠勇毅是香港警察的座右銘。全場響起熱烈的掌聲。

這是 4 月 15 日上午香港警察學院操場上的一幕。操場邊，"國家安全 護我家園"巨幅大字格外醒目。

15 日是第六個全民國家安全教育日，也是香港國安法實施後的第一個全民國家安全教育日。在當天由香港特區維護國家安全委員會主辦的一系列宣傳

教育活動中，最引人矚目的，莫過於香港五大紀律部隊（警務處、入境處、海關、懲教署、消防處）公開表演中式步操，這是香港回歸近 24 年來的第一次。

上午 10 時，警察樂隊奏響《分列式進行曲》，中式步操表演率先開始。踏著節奏，香港警察儀仗隊持槍正步行進到場地中間，數次變化隊形，三人一組或六人一行，跟隨口令提槍、落槍或旋轉手中槍械，動作乾淨利落，步伐鏗鏘有力。

除了隊列和步伐外，隊伍口令也首次由英語改為廣東話。在警察樂隊中，原來經常出現的風笛手不見蹤影。

與香港警隊同時舉行但在不同場地進行的，是由其他紀律部隊進行的隊列表演，也是中式步操，發令員用的是普通話。

香港入境事務處表示，他們自 1999 年起就開始將一些中式步操元素融入會操，包括在表演環節由儀仗隊伍演示中式步操，並解釋這樣做的原因是"自回歸祖國後，為凸顯香港是國家不可分割的一部分，並展現'一國兩制'的精神"。

"第一次這麼近距離地在現場看到中式步操表演！"一直支持警察的網絡

博主"港產外星人"興奮地表示,"看到香港紀律部隊改走中式步操,作為一個中國香港人,感到好驕傲!"

當天在鳳凰衛視參加直播點評的香港時事評論員郭一鳴說,有朋友早早在網上預約了名額,帶著孩子到現場觀摩。他觀看了警隊和入境處的兩場中式步操表演,認為水準很高,"我打 85 分。"

對學習中式步操"充滿期待"

"步操"是香港人的習慣用詞,內地一般稱"隊列",指的是排成一個列隊或方陣的人群以整齊劃一的步伐行進和站立。

在冷兵器時代,軍人們以整齊的隊伍、統一的動作來應戰,步操有較強的實用性。隨著武器裝備的發展和作戰方式的演進,主要用於集體行進、軍事禮儀、閱兵等場合。當前，主要軍事步操有中式、英式、美式、俄式等，是各個國家和軍隊形象的生動展現。

中國人民解放軍的步操向來以千人如一、氣勢磅礴著稱，解放軍戰士"配槍貼胸、昂首正步"的標誌性儀仗模式更是深入人心。1997 年，中英兩國政府香港政權交接儀式上，解放軍駐港部隊三軍儀仗隊正是使用中式步操護送國旗與特區區旗進入會場。

與其他步操相比，"中式步操更強調整齊劃一，訓練更加嚴格，標準更加嚴苛。動作要求鏗鏘有力，氣勢雄壯，彰顯自信和軍威"，盧宜頌說。

"軍姿，軍姿！"坐著接受採訪的他瞬間做了個挺胸抬頭的動作。

中式步操在行進中擺動小臂自然彎曲；要求身形挺拔，行進時腿部自然彎曲，腳後跟著地有力、踏實；轉體幅度比較小，靠腳有力、清脆。

香港警察儀仗隊隊員、督察潘子安早就在視頻上觀摩過天安門廣場升旗儀式和國慶閱兵式，也曾在開放日到解放軍駐港部隊探過營。他說，中式步操表演"非常專業，非常精彩"，對於學習中式步操他一直"充滿期待"。

他認為，中式步操更強調自己是隊伍中的一員，有整體感，督促每個人把動作做好。

首次接受解放軍駐港部隊教官培訓

2021 年 2 月底，香港警察學院舉行為期 12 天的中式隊列培訓班，邀請解放軍駐港部隊三軍儀仗隊成員現場教學，進行中式隊列培訓和交流，受訓學員是警務處、入境處、海關、懲教署及消防處的 79 名步操教官。

第一次近距離接觸解放軍教官，"嚴謹、專業"是學員們的共同感受。79名學員從性別年齡、身高體重到身體素質都各不相同，教官們會細心地制定出不同的教學方案因材施教，但對標準毫不放鬆，要求細緻、嚴格。

正規儀仗隊訓練中，單兵正步訓練分 6 個科目：踢腿、擺臂、一步兩動、快慢步、一步一動和連貫正步，還需訓練握槍等。要求腳綫、槍綫、頭

● 香港警察學院操練及槍械訓練總督察盧宜頌（中）向記者介紹中式步操動作特點　李鋼　攝

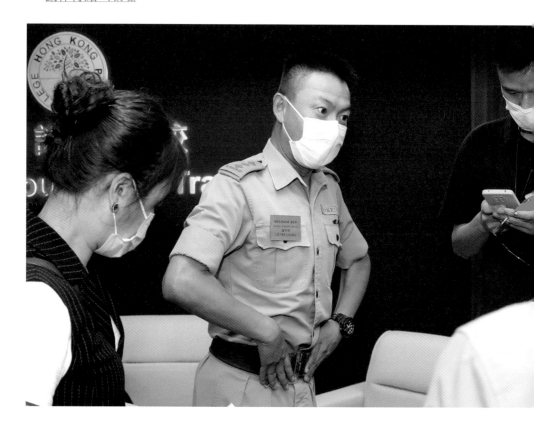

綫、帽綫、手綫、步幅綫六綫筆直。在香港，受訓者需要短期內掌握動作要領。

　　"拿正步走來說，隊列裏的所有人要保持節奏完全一致，要在同一時點落腳。無論一步一動還是一步兩動，每個細節都要達到標準，需要不停練習，對體能要求很高。" 潘子安說。

　　教官們用普通話教學，對於普通話還不過關的學員來說，"需要更加聚精會神，提升專注度"。12 天培訓下來，盧宜頌的普通話也有了進步。

　　雖然與解放軍教官相處時間不長，分開時，學員們卻感到 "非常不捨"。盧宜頌說，教官們不僅傳授專業動作，也在教學中傳遞人生態度。他對教官常說的 "行百里者半九十" 印象深刻。"這是說，越困難的時候越要堅持，越接近成功的時候越要努力。我到現在都常常想起這句話，學員們都感到受益匪淺。"

　　經過選拔，警隊受訓學員中的 34 位學員組成香港警察儀仗隊，他們分別

中式步操 "首秀" 的台前幕後
視頻記者：林寧、萬後德、梁嘉駿、劉展威

來自警察學院、機動部隊和輔警支援科等。能成為第一批受訓教官並參加首次公開表演，盧宜頌感到 "非常榮幸"。"讓公眾認識中式步操，這是一個很好的開始，希望通過這樣的活動，加強市民的國家安全意識。"

解放軍駐港部隊對香港紀律部隊進行培訓也成為香港社會的熱點新聞。之所以引起轟動，是因為步操不僅僅是隊列，它還承載著國家觀念和文化認同，有著代表國家的儀式感。

在舉辦檢閱儀式的場地 —— 香港警察學院中，有一個小小的斜坡叫桂河橋。每年的香港警察畢業典禮上，從這個斜坡走出的學員警察，才具備真正的警察資格。

如今，這個斜坡仍然叫桂河橋，但很多事已經有了改變。（新華社香港2021 年 4 月 18 日電）

香港鮮魚行學校：
想要一根旗杆

陳其蔓　朱玉　仇博

香港鮮魚行學校的校長室在二樓，就挨著樓梯口。

這是一個學生們還未返校的日子，但校長施志勁早上 7 點已經到校。我們進門的時候，他正在向一位職員交代學生返校的相關事宜。

"你們要是準備好了請隨時打斷我。如果你們不叫我，我會一直工作，而忘記你們的存在的。"

嘿，這可是初次見面，這個校長果然特別。

他最著名的獨特事跡，莫過於 8 年前，那一節 "萬眾矚目" 的德育及國民教育課。

2011 年 5 月，香港特區政府教育局建議將德育及國民教育科列為中小學必修科目。提議一出，香港社會馬上炸開了鍋。別有用心的人危言聳聽，聲稱國民教育是 "洗腦"，"反國教" 的聲音一時此起彼伏。

特區政府連辦三場相關研討會，希望與教育界和公眾探討國民教育在香港的重要性。時任鮮魚行學校副校長的施志勁，一場不落地聽完了，還認真研讀了《德育及國民教育課程指引》。"我們要讓學生了解真正的中國。"

施志勁親自設置課程框架，決定從中華傳統價值觀、自然國情、人文國情、歷史國情、現代國情等方面教授學生。具體課程內容由校內每位老師先自行取材，然後再與全體老師共同備課決定。

2012 年 10 月 8 日，特區政府宣佈擱置《課程指引》，教育局不再以此為辦課標準，也不將國教課列為必修課。

"外界壓力這麼大，我們還繼不繼續？"施志勁和校長簡單商量過後，很

快決定 —— 原計劃不變。

　　同月 19 日，由施志勁親自教授的全港第一節德育及國民教育課開課了。

　　當時班上有 32 個學生，而到場旁聽的記者和家長人數大概是學生的三倍。

　　同事們為他緊張，面對著 40 多個鏡頭的施志勁卻絲毫不緊張。第一節課，他教的就是國旗和國歌。

　　"我告訴學生，無論是哪一國的國旗，我們都應該尊重。而中國國旗代表的是我們中華民族，背後蘊藏著我們國家的歷史，更應得到尊重。"

　　時隔 8 年，施志勁從副校長變成了校長，國教課也成功在鮮魚行學校扎下了根 —— 每週五，就是學生們上德育及國民教育課的時候。

　　鮮魚行學校建校於 1969 年。這所由香港港九鮮魚行總會主辦的平民學校，校董會的成員幾乎都是魚販，絕大部分學生都來自社會底層。

　　雖然窮，但施志勁說，窮不要緊，最重要的是心不能歪。做一個愛國、正直、對社會有貢獻的人，是他對學生最大的期望。

第一節國教課教的是國歌和國旗，自己的辦公桌上也插著一面小國旗，但最讓施志勁遺憾的事，卻仍是和國旗有關。

"我們沒有升旗儀式，是沒法升。"施志勁重重地嘆了一口氣。

鮮魚行學校是一座四層建築，佔地面積 1 萬多平方米，大約只有 1.5 個標準足球場那麼大。學校唯一的旗杆，被固定在頂樓天台一角，升降國旗時得冒著摔下樓去的風險。

施志勁當校長的第一年，旗杆上是長期掛著國旗的。因為旗杆位置太危險了，學校沒有安排專人每天去收掛國旗，所以風吹日曬的，國旗很快也變得破舊。

因為沒有合適的旗杆，施志勁只得把國旗先收起來。但該升國旗的時候，他還是毫不含糊，盡力用自己的方式升起國旗。

每年國慶節前後，鮮魚行學校都會舉行"升旗儀式"。

全校師生先在一樓的室內禮堂集合，再由 4 名高年級學生分別拉著國旗的一角，將國旗舉高繞場一周，同時在場的師生齊唱國歌。

施志勁不好意思地笑了笑，"除了國慶，這樣的儀式我們還會在校慶、開學典禮、畢業典禮等重要慶典時舉行。"

在鮮魚行學校升起國旗的時候，國旗在香港暴徒手中屢遭侮辱。學校外面的社會變得極不平靜，施志勁和老師們，甚至在學校牆外的花槽中發現過灌滿的汽油彈。

但施志勁最大的心願，還是擁有一支可以擺在禮堂裏的立地式旗杆。

所以當他知道香港升旗隊總會辦了個活動，只要聽滿總會舉辦的三場講座，就可以獲贈一支立地腳架式的旗杆時，"我第一時間去報了名！"

等三場講座聽完，鮮魚行學校就可以擁有自己的室內旗杆。施志勁說，每年音樂課都教的國歌，學生們終於有機會唱了；作為國民身份認知的重要象徵物的國旗，終於可以好好地飄揚在鮮魚行學校，不再受風吹雨打。"我們還可以組建自己的學生升旗隊！"

　　2020 年 6 月 18 日香港特區政府教育局向全港中小學發出通告，要求學校須在元旦、香港回歸日、國慶日時升掛國旗與區旗，並奏唱國歌。

　　為什麼在今年突然有這一項新規定？

　　過去一年，"修例風波"中冒出不少青少年暴徒。面對誤入歧途的年輕學生，卻有少數教師對他們的行為表示支持，甚至在暴力示威現場"指揮"其學生施暴。種種跡象可見，香港的教育系統已經出了問題。

　　"教育，幫學生提高學習成績固然重要，但是給他們樹立正確的價值觀更重要。"施志勁說，連小學生都知道，用暴力是不對的，"他們把東西都砸壞了，還嚷著要推翻一些制度，但是建設過什麼？他們從未建設過，留下的只有破壞。"

　　發稿前，記者致電施校長再次確認：稿件播發後，您可能會被推上輿論的風口浪尖，甚至被"起底"，您害怕嗎？

　　施校長只回一句：有些應該做的事情、應該說的話，不能因為怕，就不去做、不去說。

　　他總說，一個有學識的人，更應該對國家、對社會抱有責任感，應該用學到的知識報效國家、建設社會。他還笑自己，這樣的想法真老派。

　　老嗎？不，正當時。（新華社香港 2020 年 7 月 1 日電）

一所香港中學的愛國傳承

王旭　蘇曉

在香港香島中學的校史室，86 歲的司徒宏老先生環視那一幅幅或暗黃或鮮豔的照片，感慨萬千。

他說，正是在這所學校，我第一次了解到祖國。母校和愛國，自此便在他心中連在一起。

1946 年春天，一批進步知識分子在香港辦起了一所新型中學 —— 香島中學。它是香港第一批升起五星紅旗的學校之一，"愛國、進步" 是這所學校永不褪色的標誌。

在港英打壓下頑強生存、發展

"最新奇的是學校的早讀。同學們分成幾個小圈子讀報紙，唸時事。" 當時才 10 歲的司徒宏已輾轉讀過好幾所學校，由於他調皮、好動，哪所學校都不留他。直到 "另類" 的司徒宏走進了這所港英當局眼中的 "另類" 學校的小學部。

這裏打開了司徒宏新的人生大門。他不知道，這別具特色的讀報紙，正是這所學校培養孩子們了解社會、關心祖國的特殊方式。這一方式一直持續，成為香島中學國情教育的傳統。

退休多年的香島中學校長楊耀忠說，港英統治時期，愛國學校受到各種打壓。香島中學第一任校長盧動，就是因為堅持掛五星紅旗在 1950 年被港英當局遞解出境。

楊耀忠介紹，當時的愛國教育主要是兩個方式，"一個是早讀課，二十分鐘時間，讓孩子們讀報紙，重點都是講祖國的重大發展、重大成就。遇到像

- （上）香島中學校園　李鋼　攝
- （下）香島中學校舍內景　李鋼　攝

發射東方紅衛星這樣的大事，全校師生一起慶祝"。另一個就是以各種方式慶祝國慶，"不僅在各種壓力下堅持升國旗、唱國歌。而且搞各種體育、文藝比賽，慶祝國慶。"

"在港英時代，愛國學校困難很多。" 現任香島中學校長黃頌良說，沒有資助，不給生源，學校用地難以獲批，學校老師與外界交往受到監控。學生畢業也受到各種歧視，成績再好也不能進入公務員隊伍，連教育學院、消防隊都難以進入。

"我校歷史，不僅是一所愛國學校的歷史，而且是香港地區在殖民統治下進行愛國教育奮鬥史的一部分。"細品香島中學校史中的這段話，既有沉重，更有豪情。

愛國學校嚴謹、嚴整的校風受到香港社會廣泛好評。"有一段時間，香港黑社會滲透學校，家長很擔心。送到愛國學校，孩子學不了壞，是當時社會的共識。"香港將軍澳香島中學校長鄧飛說。

廣大香港愛國同胞是愛國學校最強大的後盾，他們捐助土地，募集資金，克服阻力把子女送到愛國學校。猶如頂翻石板的竹筍，愛國學校在壓力下頑強生存，發展壯大。到 20 世紀 70 年代，僅香島中學一家，本校和分校在校生達到 1 萬多人。

大家庭般的師生氛圍來自理念相同

"香島中學的老師不一樣，就像校歌裏唱的 —— 我們是一所大家庭。"司徒宏對這一點念念不忘，幾次深情回顧。

"當班主任老師第一次要我放學後留下的時候，我以為又是罰站、訓話。"司徒宏說。但他的班主任李麗珠老師留下他，指出的卻是他有哪些優點。

"那是我第一次受到肯定。我當時就哭了，哭得止不住。"這是他的人生轉折，此後司徒宏變得自強、上進。在老師、學長的影響下，他嚮往祖國，1950 年隻身到廣州求學，後來考入了華南師範大學，投身於祖國建設中。

這種猶如大家庭一般的師生關係一直延續到現在。年輕的曾老師剛回母校教書不久，她回憶在香島中學上學時，"我不開心，我考試沒考好，我可以直奔教研室找老師訴說，老師會開導我"。

如今，她自己也正在把這種關懷傳承下去，"不僅教學生知識，在為人處世、生活態度等心理層面也會幫助他們"。

"不同於香港教會學校、私立學校，愛國學校能做到這一條是因為從老師到家長都是靠信念聯繫在一起。"楊耀忠 1980 年開始進入香島中學做副校長。"港英把你打入另類，孤立你，讓你自生自滅。教師收入低，不到其他學校一半，學生被人另眼相看。如果不是同一個理念，教師不會來，家長也不會送學生來。"

"我自己是一所'親台'學校出來的。"楊耀忠談起了他理念的確立，"那是受國民黨影響的學校，整個中學期間我被他們洗腦。"

1971年，他上了大學。那時的香港各高校，愛國學生運動風起雲湧，他重新認識了新中國，也走上了堅定的愛國教育的戰場。在愛國學校最困難的時候，他加入了香島中學。

20世紀80年代，港英當局逐步開始實行免費教育，靠收學費生存的愛國學校受到很大影響。和其他愛國學校一起，香島中學一面採取措施渡過難關，一面團結社會各界力爭同等待遇。港英當局直到1991年，才終於將包括香島中學在內的數所愛國學校列為資助學校。

教育要推動愛當代中國

鄧飛也曾就讀香島中學。從上學時，他就認識到，愛什麼樣的中國在香港有著深刻的內涵。

到將軍澳香島中學當校長後，鄧飛研究過港英當局排斥新中國的教育手段。"港英當局沒有抹去中文教育或者中國歷史教育，他們知道也抹不掉，所以就採取一種手段，只強調一種文化上的中國，而抹掉當代中國，從而造成香港華人社會頂多只是仰慕文化上的中國，從而排斥當代中國，對當代中國一切的元素都採取一種懷疑、質疑，甚至是討厭的態度。這種別有用心的厚古薄今政策一直持續到1997年。"

在鄧飛看來，如果說回歸前愛國學校主要推動的是反殖民奴化教育，那麼在香港回歸後的今天，要推動的就是愛當代中國，"我們的價值就在這裏。"

回歸以後，各學校到內地交流已成主流，不再像20世紀五六十年代那樣需要破除重重阻力。"但不能總是去看名勝古跡。"作為重慶市的政協委員，鄧飛計劃在疫情過後帶學生一面去瞻仰承載古代文明的大足石刻，一面去尋訪重慶的三綫建設項目，"讓我們的學生認識那些為實現工業化默默付出的人們。"

　　從新中國到當代中國，如何將愛國這一情懷和傳統傳承下去，不僅是鄧飛，也是楊耀忠、黃頌良等眾多愛國教育工作者一直在思考的課題。（新華社香港 2021 年 3 月 28 日電）

一名香港公務員國家意識的覺醒心路

王旭　周文其

　　打開印有"私人保密資料"的信封，中英雙語的公務員擁護香港基本法、效忠特區政府聲明確認書呈現在馬志成面前。

　　"看到確認書那一刻，我很開心！"馬志成回溯簽署過程時，笑得十分歡暢。

　　他有太多理由開心。2019 年"修例風波"期間，"黑暴"肆虐，一些香港公務員也捲入其中。身為香港工會聯合會屬會政府人員協會主席，馬志成看在眼中，痛在心裏。出於強烈的愛國信念和對公務員群體的責任感，他數次向特區政府建議，以公務員宣誓或簽署聲明的方式明確香港公務員的愛國愛港責任。

　　"如今我的心願實現了，怎能不開心呢？"

　　就在採訪馬志成的第二天，香港特區政府政制及內地事務局局長曾國衞宣佈，特區行政長官將向立法會提交有關法律修訂草案，完善宣誓安排，有關條例修訂草案已於 2 月 26 日刊憲。

"'九七回歸'，但心理上沒有回歸"

　　"剛進入公務員群體的時候，效忠的是英國女王，每張公務用箋上都印有王冠，潛移默化影響著你。中國的國家概念是空白的。"談起國家概念的確立，馬志成很坦率。

　　馬志成 1992 年考進香港水務署。他中學就讀於一所天主教學校，大學就

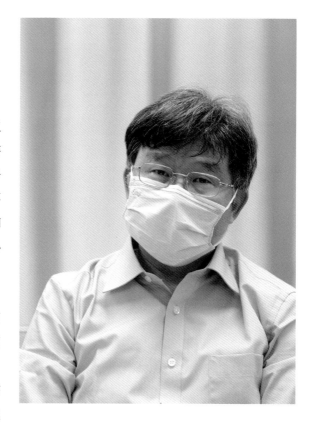

讀於香港理工學院土木工程專業。與諸多香港同時代人一樣，他對鴉片戰爭之後的中國歷史了解不多。"學校不教，家裏和周圍也沒人講，大家關心的都是收入多少。"

他祖籍廣東惠陽，很小的時候媽媽曾帶他回鄉看望祖母。記憶中的回鄉就是大包小包帶東西，"回鄉"和"荒涼"聯繫在一起，談不上美好，也沒什麼新奇。"就記得過羅湖，很荒涼，橋兩邊是完全不同的兩個世界。"

馬志成中學期間又回過一次內地，和同學一起去北京旅遊，還去過黃山。"內地當時還是很窮，坐火車要兩天，米飯裏有小石子硌牙。"他回憶往昔時直言，"香港與內地的距離很遠，無論心理上、物質上，還是生活習慣和說的話，都相差很遠。"

即使是香港回歸這樣的大事件，似乎也沒影響到他。日子一成不變，就連印有王冠的公文紙，沒用完也照常用。現在回想，馬志成坦言："很多人在心理上沒有做好回歸的準備。"

"國家發展教育我'辯證思考'"

馬志成是如何變為一名堅定的愛國者的呢？

轉變始於他參加了工聯會這一香港知名的愛國組織。正是在參加工聯會活動的過程中，馬志成讀書學習、到內地交流，開啟了全面、深入認識祖國的

一名香港公務員國家意識的覺醒心路

視頻記者：陳其蔓、周錦銘、王旭、周文其

思想歷程。

"那時一大堆觀念影響著我，我經常唱反調，跟他們（內地老師）辯論。"工聯會經常組團去內地交流，馬志成記憶最深的是在廣州一家賓館與內地老師"激烈辯論"。

回想當年的"英勇"，馬志成哈哈大笑。"那位老師叫葉和東，中國近現代史講得很精彩，但我那時候不懂啊！"他坦言自己那時思想觀念"亂七八糟"，對新中國的歷史"不了解""認識不正確"。"那時不是有'中國崩潰論'嗎？我很信呐，西方人、香港的報紙都在講啊！"

"是事實教育了我，是國家發展教育了我。10年過去了，20年過去了，我們國家發展得越來越好！"這一切讓馬志成反思，"出了什麼問題？原來內地和他們講的完全不一樣。"

正是一次又一次去內地交流，讓馬志成學會了辯證思考，重新認識新中國是怎麼一步一步走到今天的。

這些年，他去過內地多少次已經數不清了，但幾乎每一次都有新的亮點、新的欣喜。2018年，他帶隊去貴州，參觀了被譽為"中國天眼"的500米口徑球面射電望遠鏡和大數據中心。

馬志成對"天眼"非常感興趣，看得特別細。那次訪問過程中，馬志成還發現貴州根本不像以前一些媒體說的那樣窮，少數民族的生活都很好，"從他們臉上的笑容可以看到滿足感。"

堅定愛國信念，無愧國家期望

毋庸諱言，香港整個公務員團隊國家觀念不是特別強。馬志成認為，這與香港人特殊的成長經歷有很大關係。"他們從小看外國的卡通片，受西方文化的影響很深。旅遊也更喜歡去外國，對外國的關注多過內地。"

對國家無感，這是馬志成最為痛心的，也是香港社會最令人憂心的。這種欠缺在"修例風波"中也暴露出來，有公務員因參加"黑暴"而被捕。

完善香港選舉制度
扶正固本

功效　扶正祛邪　固本培元
專治　風邪侵體　外毒擾心
重磅推出

在香港由亂及治的今天，如何在擔負治港重任的公務員隊伍中重塑愛國愛港信念，把 "愛國者治港" 原則落到實處，成為特區政府和香港廣大市民熱烈討論的焦點問題。

馬志成擔任主席的工聯會政府人員協會是香港第二大公務員工會，有著鮮明的愛國愛港立場。為了塑造香港公務員的國家觀念，協會向特區政府提出的建議之一就是公務員宣誓。2019 年，他們向行政長官當面提出建議；2020 年 6 月，他們再次向特區政府提出更詳細的方案。最終，香港國安法實施後，特區政府公務員事務局要求全體現職公務員宣誓或簽署聲明。

"政策圓滿落實，無愧於國家的期望。" 馬志成對此極為欣慰。

公務員宣誓只是樹立國家觀念的第一步。馬志成從自身經歷中感受到，與內地交流的制度化亟待確立。在他看來，與內地制度化交流應當推廣到整個公務員體系中。"到內地去，祖國的發展進步會影響他，百聞不如一見。"

香港公務員隊伍樹立國家觀念任重道遠，但馬志成相信潛移默化的作用是巨大的，"五年分不出，十年就看得出了，就像練功夫那樣"。（新華社香港 2021 年 2 月 28 日電）

《無窮之路》：香港人眼中的內地脫貧

陳珮盈

8月底的一個週末晚上，一檔由香港電視廣播有限公司（TVB）拍攝和製作的扶貧紀錄片在翡翠台首播。節目播出後好評如潮，豆瓣評分高達 9.5 分，引發香港與內地觀眾的熱烈討論。大家都很好奇，一群香港都市人眼中的內地脫貧，會是怎樣的呢？

"我一定要將所看到的告訴香港人"

"這要從兩年前的一趟旅程說起。"被問到拍攝《無窮之路》的契機，TVB 新聞及資訊部總監黃淑明向記者娓娓道來。2019 年，黃淑明和 TVB 新聞及資訊部助理總經理袁志偉分別到訪貴州和寧夏，當時的所見所聞讓他們大開眼界。

在黃淑明印象中，"地無三尺平"的貴州一直是一個極度貧窮的地方。但在踏足這片高原山地之後，她卻看到一幅截然不同的景象：到處都有建設完善的交通網絡，高架橋、高速公路和隧道四通八達，甚至能夠接通一些只有二十幾個人的小村落。貴州更成為了大數據中心，中外科技巨頭將大數據儲存在這裏，種種先進的建設讓她深感震撼。

讓黃淑明印象最深刻的，是一個"貴漂"青年的故事。這位青年畢業於清華大學，曾到香港科技大學實習半年，到貴州交流時，因為看到了貴州的無限機遇而選擇留下。"當時我想，既然清華大學的畢業生也選擇留在這裏，這個地方必定是機遇處處的。"黃淑明說，到訪寧夏的袁志偉同樣對當地蓬勃發展的釀酒業、先進的養牛場等印象深刻。

在這條通向"無窮"的路上，內地人到底經歷了什麼？當中的過程是怎樣的？為了向香港人呈現這些答案，他們萌生了拍攝《無窮之路》這個紀錄片的想法。

"那時候我們強烈地覺得，一定要將我們所看到的告訴香港人。"黃淑明覺得，很多香港人對內地存有偏見和誤解，卻從未親眼看過國家今日的真實景象。在見證了這兩個貧困地區的改變後，她想要告訴香港人，脫貧並不只是一句口號。

"從生活出發，才是最能打動人心的"

如果說《無窮之路》的製作團隊是構思節目的大腦，那麼節目主持人陳貝兒就像是觀眾的眼睛。

《無窮之路》的拍攝過程中，陳貝兒經歷過不少磨煉，在爬天梯時碰撞導致膝蓋瘀傷，在"世界高城"理塘因為高原反應進了醫院……但她依然非常專業地完成了拍攝。從主持《東張西望》這樣的娛樂節目，到拍攝《無窮之路》這樣的紀錄片，陳貝兒一直保持著初心，想要透過自己的眼睛看世界，再透過鏡頭把世界的模樣告訴觀眾。"做這份工作我一直都很開心，它讓我覺得無論多辛苦都是值得的。"

因為這份初心，陳貝兒隨著攝製團隊攀山越嶺、穿州過省，無論去到海拔 1500 米之上 —— 又稱 "懸崖村" 的阿土列爾村，還是溜過奔騰洶湧的雲南怒江，她都親自上陣，拿著一根自拍杆，爬天梯、坐溜索，帶著觀眾上天入地。

"朋友都覺得我太大膽了，這麼危險的地方，居然還騰出一隻手來拿相機。"陳貝兒笑說，"但如果沒有這個鏡頭的視角，觀眾便無法身臨其境地體驗到當地人民爬天梯、坐溜索時的那種驚心動魄。"

在節目裏，陳貝兒採訪了形形色色的人，"自來熟" 的她每次都能順利與受訪者打成一片，自然真誠的採訪風格也讓她得到許多稱讚。她說，拍攝前與受訪者們都素未謀面，沒有劇本，也沒有事先溝通，她們之間所有的交流都是最真實的。"其實我沒有想太多，比起工作，我更多的是想跟他們交個朋友，想要聽聽他們的故事。"

《無窮之路》的特別之處在於，在講述國家脫貧政策之餘，更 "接地氣" 地呈現了許多人文風情。陳貝兒認為，無論你來自城市還是農村，生活中的細微之處最能體現一個地方的改變，也是最能引起人共鳴的。"我們每一天都要生活，從生活出發，才是最能打動人心的。"

"中國人當然要多認識中國"

今年 2 月，習近平總書記在全國脫貧攻堅總結表彰大會上宣佈，中國的脫貧攻堅戰取得了全面勝利。

"能夠根據不同地區的地理狀況、民族和他們所面臨的問題，作出因地制宜、因時制宜的扶貧政策是非常艱巨的，但我們看到國家確實成功了。"黃淑明感慨道。

看著 "懸崖村" 的村民從土房遷到樓房、從走鋼梯到走樓梯，看著寧夏原

本貧瘠的土地上種出纍纍果實，《無窮之路》節目組上下都感受到這種巨大的改變，也感受到村民現在的幸福，更希望讓香港人也能感受得到。

"我們遇到的當地人都對我們說，他們現在幸福感滿滿。" TVB 新聞及資訊部監製岑應笑言。

《無窮之路》在每一集都會記錄不同的人物故事，製作團隊希望以小見大，通過了解人，拼接出整個社會變遷的藍圖。

"很多人都比較喜歡看別人的故事，所以我們選擇以紀錄片的方式拍攝，希望這樣的手法會讓香港的觀眾更容易接受，更願意了解國家現狀。" TVB 新聞及資訊部高級專題節目經理阮小清說。

陳貝兒覺得，《無窮之路》可以說是香港人了解內地的 "開場白"，希望以後香港人也能多到內地去親身體驗，嚐嚐廣西融安的橘子、西海固的紅酒，還有雲南的咖啡。她也開心地看到，許多父母都說要讓孩子看《無窮之路》，讓他們從小就多了解和認識國家的發展。

"中國人要多認識中國，這是理所當然的。" 陳貝兒說。

"無窮之路"，寓意 "沒有貧窮的道路"，也代表奮進的道路沒有終點。道阻且長，行則將至。這條路也許艱辛而漫長，但多年之後回首再望，原來已走出千萬里。TVB 這次的紀錄片，正是帶著香港人一起同行的開始。（新華社香港 2021 年 10 月 24 日電）

香港故宮：嶄新地標見證大國建造

陸敏　陳珮盈

在香港維多利亞港畔的西九文化區，一座類似古代器皿方鼎的巨型建築面朝大海昂然矗立，金色外觀在陽光下分外搶眼。

這是北京故宮博物院與香港西九文化區管理局合作建設的香港故宮文化博物館（下稱“香港故宮文博館”），為北京故宮博物院在內地以外的首個合作項目，將成為香港中西方文化交流的嶄新地標。

香港故宮文博館三面環海，佔地約 1.7 萬平方米，總建築面積約 4.3 萬平方米，主體建築為一座 7 層高的博物館大樓。項目於 2019 年 4 月 24 日正式動工，目前主體工程已基本完成，預計於今年年底完工並全面交付，明年年中對公眾開放。

這意味著，北方深宮國寶有了南國新家。南北兩個“故宮”，一個凝聚了古代匠人的智慧，一個展現著大國建造的風采，隔空遙望，共同守護和傳承中華文明。

致敬傳統

香港故宮文博館整體外形借鑒中國傳統器物“上寬下聚，頂虛底實”的美學特點，呈現出方鼎的獨特造型，營造出一種穩定而厚重的歷史感。

設計有多獨特，施工就有多難。說起建設過程，中國建築國際集團有限公司香港故宮文博館項目負責人王勇用了六個字：過五關斬六將。

“上寬下聚”體現在建築結構上就是一個高傾角的斜牆，最大斜牆的斜度達到 1：3。近距離站在“方鼎”前，記者立即感受到這斜牆帶來的視覺衝擊。“整個博物館大樓共有 4 組組合結構柱支撐高達 4 層的懸挑結構，鐵板厚度達

100 毫米，僅鋼鐵用料就超過 480 噸。” 王勇說，每個接駁位置需要 4 組工人連續燒焊 12 個小時才能完成。

　　值得一提的是，建築外牆大面積使用清水混凝土，即牆面直接以混凝土示人，不再做任何裝飾面，有一種天然去雕飾的古樸質感。“這個工藝對各方面的要求非常高，比如平整度、色澤以及孔洞的密實度。混凝土本身顆粒很粗，想做到特別平整很不容易。” 王勇說。

　　香港故宮文博館借鑒了很多北京故宮的設計元素，比如正門的 10 扇門，每扇門上都有每排 9 個共 9 排門釘；門前地面上的 20 多塊透光玻璃板，佈局和弧度都模擬故宮門前的金水河。“用這些元素與北京故宮呼應。” 王勇說。

香港故宮：嶄新地標見證大國建造
視頻記者：譚佳銘、蔣佳璇、龍鏡伊

走進主樓，最大的驚喜莫過於參照北京故宮空間設計最大特色的中軸綫概念，將中軸綫水平遞進的空間佈局巧妙轉換成垂直遞進，從而構成了三個朝向不同角度的中庭空間，將不同樓層連成一體。

科技賦能

每一位走近香港故宮文博館的參觀者，很難不被其金色外觀吸引。4022塊金色鋁板營造出琉璃瓦般的外牆效果，近看每塊鋁板都是曲面帶孔、形狀不一，孔洞由下往上逐漸變大、由實心變為空心，虛實漸變，相映成趣。

這樣的鋁板若用傳統方式生產，加工耗時久、安裝誤差大。"現在我們採用建築信息模擬（BIM）技術，輔助生成每個構件的加工圖紙，全過程指導生產和安裝，大幅提高了生產效率和精準度。"王勇說。最終，4022塊鋁板成功生產和安裝，達到了誤差在3毫米以內的施工精度。

對於珍藏國寶的博物館來說，安全永遠是第一位的。恆溫恆濕、防風抗災、安保防盜都不可或缺，工程團隊通過一系列複雜精密的系統予以保障。他們調校了超過8000個閥門、1224個風嘴，實現館內空調溫度控制精度在±2℃，濕度控制精度在±5%相對濕度。

消防安全無疑是重中之重。Novec 1230潔淨氣體滅火系統、預動式花灑灑水系統、樓梯增壓系統等各類高難度的消防系統齊齊上陣，協同工作。

"文物儲藏室採用的是Novec 1230潔淨氣體滅火系統，可以在30秒內將惰性氣體充滿400平方米的空間，滅火不用噴水，一旦發生火災，可以最大限度地保護文物。"王勇說。

良好的觀展體驗也必不可少。他們在每一根吊頂絲桿上加裝了避震彈弓以降音減噪，使整個展廳的噪音要求達到較高標準。

● 中國建築國際集團有限公司香港故宮文博館項目負責人王勇接受新華社記者專訪 吳曉初 攝

榮耀時刻

"故宮"這兩個字，在國人心中的分量不言而喻。

"大家一看到這個項目是'故宮'，就覺得應該由中國建築去做。"回想當初競標情形，王勇說。

中國建築國際集團有限公司自 1979 年進入香港建築市場，曾成功完成了香港國際機場客運大樓、港珠澳大橋香港引橋等重大建設項目。"中國建築在香港這 40 多年做了無數工程。第一我們非常想做，第二我們有能力做，最終我們拿下了這個項目。"王勇說。

項目開工後，王勇專程去了趟北京故宮。他以前去過故宮，但這次感受大有不同。從一個建築人的眼光看，建成 600 多年的北京故宮歷經時代變遷和戰亂動盪，至今如此完整精美，讓他"非常震撼"。

"故宮代表了我們的中華文明，建博物館就是要保護好這些珍貴的文物，去弘揚和傳播中華文化。"王勇說,"這不是普通任務,而是重要使命,必須建好,體現我們當代工匠精神,展現大國建造水平。"

經過兩年半的建設,如今各項工程如期推進,建設過程中還獲得了包括工程、安全、環保等 17 項大獎。前不久,香港業內專家同行們進入主體大樓內部參觀,對項目給予了很高的評價。

王勇和他的同事們都為能參與這一重大工程而驕傲。在施工高峰期,工地上每天有超過千人參與建設,大多是香港本地員工。一位香港工友說,他小時候去過北京故宮,現在能在香港參與建設香港故宮文博館,特別自豪。(新華社香港 2021 年 10 月 26 日電)

香港街名裏的"華夏版圖"

王一娟　閔捷

半個小時內，能否用雙腳走遍成都、洛陽、南寧、湖南、湖北，甚至像前人那樣看盡長安花、回到奉天城？只要你來到香港，實現這一切"輕而易舉"。

在高高低低、曲折蜿蜒的香港街道上行走，不期然會遇見諸如太原街、廈門街、廣東道等街道名字。這 60 多條以內地省市命名的街道，給初到香港的內地人以驚喜。這些街道，部分地呈現了香港歷史的發展軌跡，見證了香港與內地的緊密聯繫。

街名裏的"貿易史"

上有天堂，下有蘇杭。位於上環的蘇杭街，一百年前因靠近海邊，有很多內地商船在這裏裝貨做轉口貿易，其中有不少來自蘇州和杭州的絲綢布匹，於是，不少商家便在這裏開了賣絲綢、花邊、紐扣等的小店，十分熱鬧。蘇杭街生意盛極一時，夜市也相當繁華，當時有"夜中環"的稱號。

一個雨後的下午，記者來到蘇杭街，街道兩邊有日式食店、雜貨店和水果店。從街的這頭走到那頭，雖然沒有找到與杭州絲綢相關的商鋪，但正在營業的有上百年歷史的香港老字號"源吉林"茶葉店，依然提醒著蘇杭街昔日的繁華。

上海與香港商業關係十分密切。1941 年香港被日軍侵佔後，工業全面停頓。1946 年到 1949 年，大批上海人肩扛皮箱，匆匆來到遭受戰爭創傷後的碼頭，給香港帶來了紡織業所需的資金、技術和機器，帶動了香港工商業的蓬勃發展。位於油尖旺區的上海街就是當時繁華盛景的縮影。

上海街是九龍區最早發展的商業街，這裏一度是水陸交通樞紐，國內國外、水上陸上的商品均在此進行貿易，金店、商鋪、食肆一家接一家，人來人往，熱鬧非凡。旺角碼頭於1972年停用後，填海工程使海岸綫越離越遠，上海街從此也由盛轉衰。2008年香港市政局開展上海街保育活化項目，重修活化有百年歷史的唐樓及20世紀60年代的建築，稱作"618上海街"，原汁原味地展現當年上海街商鋪林立的情景。

香港早期以內地城市命名的街道大多與貿易活動有關。1842年英國侵佔香港後，英國的顛地洋行等紛紛在海邊建立碼頭和貨倉。當時顛地洋行與中國內地沿海貿易的港口，主要是廈門與汕頭，所以碼頭分別被稱作廈門碼頭和汕頭碼頭。後來，大規模填海之後，當初的碼頭位置成為內陸，附近的兩條街道因此分別命名為廈門街和汕頭街。這兩條街是香港較早以內地城市命名的街道。

廈門街全長只有100米，西面是汕頭街，東面則是利東街，南接皇后大

道東。現在的廈門街上開設了許多時尚新潮的食店;汕頭街則稍顯落寞,街上掛著"窗簾中心"、"工程中心"等繁體字廣告牌,街上少有行人。街口一棵高大的榕樹,枝葉繁茂,給人以生命蓬勃之感。

中西交匯的獨特街景

色彩繽紛的電車,風格迥異的中式、西式建築,匯成了香港獨特的城市街道文化景觀,也凸顯了東西方文化在這裏的匯聚與融合。

據香港歷史博物館名譽顧問鄭寶鴻介紹,為應對街道起初命名時遺留的重名問題,政府於 1909 年把九龍一些街道重新命名,例如將花園道改稱漢口道,麥當奴道改為廣東道,山街改為長沙街,差館街改為大沽街等。同時,又把油麻地填海建成的幾條東西走向的街道改用與香港有貿易關係的內地省市名,分別為甘肅街、北海街、寧波街、南京街。

廣東道是香港九龍油尖旺區的一條主要道路,跨越旺角、油麻地及尖沙咀三個區域。如今,廣東道西北端毗鄰西九文化中心的首個地標式表演藝術場地 —— 戲曲中心,與高鐵站也相距不遠,廣東道因而成為一條十分繁忙的交通要道。

在油尖旺地區,有一批以內地省市命名的街道。從天津來港訪學的吳小姐說,第一次來香港時,在旺角見到"山東街"的白底黑字路牌,激動不已。沿著街道走了兩個來回,雖然沒有找到與她老家山東有關的商鋪,但僅憑"山東"這兩個字,就讓她對這條街產生了親切感。每次來香港,她都會到山東街轉一轉,吃一份榴蓮班戟,喝一杯咖啡奶茶。

在土瓜灣,也有數條以內地省市命名的街道,如山西街、浙江街、江蘇街、安徽街等。但正如香港地名專家饒玖才在《香港的地名與地方歷史》所說,這些街道的命名,是香港各個發展階段的"零碎"產物。

由“洛陽紙貴”命名的洛陽街

在香港，“街”和“道”有不同的含義。據 20 世紀 60 年代香港市政局遴選街名委員會的街道命名指引，“街”指市區樓房前面的路，“道”指市區或新界的大路，而“坊”或“里”則指環形的道路。

香港仔位於香港島的西南部，是香港最大的漁港，香港仔的發展歷史，因而也與漁業和工業相關。據饒玖才記述，1905 年，有位商人在香港仔海邊開辦大成紙廠，後來紙廠停辦，廠房改建為居民樓，街道命名時，就以成語“洛陽紙貴”而命名為洛陽街。隨後，鄰近的幾條新建街道，也順勢以內地的六個省市命名，分別為西安街、成都道、奉天街（瀋陽舊稱）、湖北街、湖南街、南寧街。

這幾條街都不長，成都道只有 200 米，最短的是奉天街，只有 50 米。記者只用了半小時，就輕鬆“逛完”了這六個“省市”。

以內地地方命名的街道多以“扎堆”的方式出現。在繁華的銅鑼灣，有四條街道是以廣東的四個縣來命名。19 世紀 40 年代，廣東新會商人在開發銅鑼灣時，分別以開平道、恩平道、新寧（今台山）道和新會道來命名利園山附近的四條道路。其中的恩平道是銅鑼灣的一條名店街，遍佈時尚名店，是觀光客掃貨的必到之地。（新華社香港 2021 年 7 月 26 日電）

香港演員任達華：
在好電影裏尋根

陸敏

中國共產黨建黨 90 週年獻禮片《建黨偉業》裏，他出演近代著名實業家張謇，全片第一個出場，氣勢奪人；中華人民共和國成立 70 週年獻禮片《我和我的祖國》裏，他扮演一位修錶師傅，香港回歸祖國當天要參加政權交接儀式的警察太太讓他把手錶的時間校對好，他信心滿滿："放心，一秒不差"；澳門回歸 20 週年獻禮劇《澳門人家》裏，他扮演百年餅鋪傳人，以樸素真摯的表演榮獲中國電視金鷹獎最佳男演員獎。

參演了這麼多主旋律正能量大劇的，是一位香港演員。他出道 40 多年，無論演戲還是做人都有口皆碑。

他是演員任達華。

2021 年是建黨百年。任達華說，20 世紀 20 年代中國共產黨創立的歷史雖然沒有經歷過，但能夠通過演戲參與其中，很榮幸。而今，無論抗疫還是扶貧，中國都取得了驕人的成績，要歸功於共產黨人"把老百姓的幸福放在第一位"。

好電影永遠傳遞正能量

當國歌奏響時，在樓頂天台獨自收聽實況轉播的他情不自禁地站起身來，將右手貼放胸前，眼含熱淚仰望星空，慶祝回歸的禮花在夜空中綻開。《我和我的祖國》中的這一幕，沒有一句台詞，但勝卻千言萬語。

對於親歷過回歸的任達華來說，這一幕，一直都在心裏。

1997 年 6 月 30 日晚，他早早守在家中看政權交接儀式的電視轉播。7 月 1 日零時整，在雄壯的國歌聲中，中華人民共和國國旗和香港特別行政區區旗徐徐升起，會場響起了雷鳴般的掌聲。

"外面下著大雨，我的心情特別激動，眼睛也濕濕的，我終於有自己的身份了，我是中國人！"拍戲時，回想當年情景，他一下就找到了感覺。

在《澳門人家》中，他飾演百年餅鋪傳人梁鼎文，在動蕩中帶領家族堅守，最終迎來新的發展契機和希望。梁鼎文的堅守是澳門人的縮影，正因為有這樣一群懷著信念與祖國站在一起的普通人，才有發展繁榮的今日澳門。

"有信，有心，有信心"是梁家家訓，也是任達華深諳於心的感悟。"香港也是一樣，從過去的年代一路走來，只有背靠祖國這棵大樹，才能實現更好的發展和進步。"

《建黨偉業》裏他飾演的是"實業大王"張謇，這是他以往不曾演過的類型。雖然戲份不多，但能出演這樣的愛國實業家，更能藉此參與到這部反映中國共產黨建黨歷史的大戲中，他非常珍惜。

除了聽導演講戲，任達華自己也去查資料，了解角色和歷史背景。演了這部戲，他感受到，在當時內憂外患、苦難深重的中國，一個初心為人民謀幸福的政黨，創立之路有多麼艱難。

"好電影以情動人，永遠傳遞正能量"，任達華樂此不疲。

香港演員任達華：在好電影裏尋根

視頻記者：張一弛、劉展威、陸敏

"中國人的手是有情懷的"

少時家貧，任達華外出拍廣告賺錢養家，由此走上演藝之路。在多年的拍片生涯中，任達華一點點積累和磨礪自己的演技，2010 年憑藉電影《歲月神偷》榮獲香港電影金像獎最佳男主角獎。

在《歲月神偷》裏，他演一位修鞋師傅，和《我和我的祖國》的修錶師傅、《澳門人家》的杏仁餅師傅一樣，都是手藝人。

"中國人的手可以為世界創造那麼多好東西，是最了不起的。"任達華一邊說，一邊展開自己的一雙大手，"我自豪我是中國人，我有一雙中國人的手"。

他說，中國人的手是有情懷的，更可以傳遞熱情、友愛和溫暖。

20 世紀八九十年代，任達華到內地旅行，那時內地交通不便、物資匱乏，但所到之處，當地人都非常友善好客。一次他舟車輾轉到黑龍江佳木斯，遇到一場大雪。天寒地凍之中，一戶人家拉開門，揚手招呼他進屋，"進來一起吃飯"。外面大雪紛飛，屋內溫暖如春。"那個場景，好像發生在昨天。"

祖籍山東的任達華常常說 "我是山東人"。這些年他走遍了山東，唯有泰山一直沒機會去。去年底，一部在泰安拍的戲找到他，他二話沒說就答應了。

"山東人怎麼能沒上過泰山。" 他說。2 個月裏，他上了 15 次泰山，過足了癮。或許是血脈相連，他一個土生土長的香港人，居然愛吃山東的大葱、大蒜，"味道怎麼那麼甜？"

走遍了大江南北，任達華始終忘不了在東北第一次看到白樺林的情景。那是一個秋天，風很大，金黃的葉子嘩嘩作響，常年在南方生活的他從未見過如此場面。"停車！" 他跑到公路邊，用錄音機錄下了風聲和白樺樹葉在風中的歌唱。

幅員遼闊、風物各異的祖國，讓他驚嘆不已。他希望香港的朋友特別是年輕人多去內地看看，了解國家的歷史和文化。"去長白山滑雪，到青海看大湖，去內蒙古吃烤羊肉，到長沙嚐嚐正宗的臭豆腐……" 他說，實地去看，感受完全不同。

每年必買一本中國歷史書，還愛看《中國國家地理》雜誌。"這都是我心裏的寶藏。"他說。

期待拍香港回歸大戲

眼前的任達華，身材挺拔，笑聲爽朗，看不出已年逾花甲。

"上世紀 60 年代，內地還很窮，但把很多好東西都供應給了香港。"他記得，小時候香港缺水，水的供應是限時限量的，每 4 天才供水幾個小時，夏天那麼熱，沒有水很難受。"後來國家就引了東江水進來，解決了供水難題。"那時供港物資裏有午餐肉和豆豉鯪魚罐頭，"我們這一代不少人就是吃這些長大的"。

如今的香港擁有來自全世界的美食。回望來路，任達華始終心存感恩，"感恩我是中國人，背後有強大的祖國在支持我們"。

國家的飛速進步更讓他自豪滿滿。他以交通為例，"在香港開車從中環到元朗要 20 分鐘，而現在從深圳去廣州，坐高鐵最快 20 多分鐘就到了"。

"老百姓幸福感越來越強。"任達華說，抗疫也好，扶貧也好，國家為老百姓做了很多事，最關鍵的是黨中央始終把老百姓的幸福放在第一位，"這次抗疫，全世界數中國做得最好！團結一心、守望相助，無論遇到什麼大風大浪，都用正能量心態去面對，一起團結努力往前走"。

明年香港將迎來回歸 25 週年，任達華期待拍部回歸大戲。"我想演一個叮叮車司機，開著電車走過香港不同年代，講述電車上發生的故事"，交織愛情、友情和家國情，反映變遷與奮鬥。

就像"鞋"字的左右兩邊，一邊難，一邊佳，人生就是"一步難，一步佳"——他唸起《歲月神偷》的經典台詞——"但總是往前走"。（新華社香港 2021 年 5 月 9 日電）

盛智文："洋"面孔"中國心"

張雅詩　閔捷

　　蘭桂坊集團主席盛智文的辦公室位於港島中環，窗外是繁華鬧市，室內陳列著現代陶藝、琉璃等藝術品，以及各種名人字畫，琳琅滿目。他每天就在這個中西合璧的空間裏運籌帷幄。

　　這位剛剛度過 72 歲生日的猶太裔商人最近特別忙，不少媒體都訪問他對香港國安法和香港未來的看法。"香港的未來將非常好！"盛智文近日接受新華社記者專訪時語氣肯定地說，"香港國安法將為香港帶來新的開始。"

　　在港生活逾半世紀，盛智文深深愛上香港，以至於他在十多年前作出了一個重要決定：放棄加拿大國籍，加入中國籍。

　　"我的人生中大部分時間都在內地和香港。我的家人在香港，孩子都在這裏長大，我更覺得自己是中國人。我以香港為家。"盛智文的心已被香港的蓬勃朝氣吸引。

時空穿越 50 年 香港 "初印象"

　　20 世紀 60 年代末，19 歲的盛智文第一次到達香港。當飛機即將降落位於九龍鬧市區的啟德機場時，盛智文眼見密密麻麻的樓房逐漸逼近，飛機在空中做了一個急轉彎，終於降落，他鬆了一口氣。

　　"當我步出機場時，我聞到來自海港的氣味。女人身著長衫，幹體力活的男人光著膀子，大家都在拚命工作。"盛智文回憶當年他首次踏足香港時的情景。

　　20 世紀六七十年代是香港紡織及製衣業的黃金時期，加上低稅制的吸引，當時在加拿大已賺得人生第一桶金的盛智文，實地感受到香港的活力，於

<caption>盛智文</caption>

是決定把握機會，帶著妻兒到香港發展。

盛智文在德國出生、加拿大長大，家境並不富裕。童年喪父的他，為了減輕家庭負擔，十一二歲就開始半工半讀，每天清晨派報紙、週末到餐館打工。高中畢業後，他加入成衣行業，大展拳腳。

身著標誌性的立領白襯衫、黑色外套的盛智文，保持著良好的身形體態。他每天清晨五點半起來，做一個多小時運動，這習慣至今維持了 50 多年。在他身上，務實與自律恰到好處地把控著他的工作與生活的節奏。

從"蘭桂坊之父"到海洋公園主席

原本毫不起眼的小巷蘭桂坊、面臨倒閉的香港海洋公園，經盛智文重新包裝後，登上國際舞台，成為香港亮麗的旅遊名片。

20 世紀 80 年代初，盛智文發現在中環想找到可以談生意的地方並不容易，於是他在蘭桂坊開了第一家餐廳，因為採用了"餐廳＋酒吧"的新模式，吸引了不少中外客人前來。

他敏銳地抓住商機，逐步收購蘭桂坊的業權，很快成為蘭桂坊的主要業

　　主，繼而將蘭桂坊發展成著名旅遊熱點，因而被譽為"蘭桂坊之父"。後來，他更將"蘭桂坊"這個品牌帶到內地。

　　蘭桂坊的成功，令盛智文受到特區政府青睞，邀請他擔任海洋公園主席。2003 年，當時開業已 20 多年的海洋公園設施老舊，對遊客來說不再有吸引力，加上迪士尼即將落戶香港，有人提議結束這個"港產"主題公園。此前從未經營過主題公園、也未曾踏足海洋公園的盛智文，擔負起了一項艱巨任務。

　　經過仔細分析後，盛智文為公園展開革新大計，注入多項新鮮元素。"我希望每當人們說起海洋世界時，便會想到香港海洋公園。"盛智文擔任海洋公園主席初期接受新華社訪問時曾這樣說。海洋公園在他帶領下獲得全球業界視為最高殊榮的"全球最佳主題公園"大獎，蜚聲國際。

　　盛智文辦公室的一隅放滿了獎項，其中不少是各界對他的感謝和嘉許。2011 年，他獲特區政府頒發大紫荊勳章，可見他對香港社會的貢獻備受肯定。在身份上，他也希望得到一份認同，於是他決定加入中國籍，放棄了加拿大國籍。

"我長著一張西方人面孔，這裏面是一顆中國心。"他指著胸口說。2008年，他如願拿到了俗稱"回鄉證"的港澳居民來往內地通行證和中國香港特區護照。

坐火車、賞美景　見證內地改革開放

在事業路上，盛智文總能抓住機遇。隨著內地改革開放，他在湖南長沙開了他在內地的第一個辦公室。自此他經常穿梭於內地與香港。內地改革開放初期的生活點滴他記憶猶新。

"那時，從長沙打電話到香港要提前兩天預約，我們晚上在酒店打乒乓球要點蠟燭，因為下午五六點以後就沒電了。"盛智文說。

幾十年過去，內地發生巨大的變化，今天的深圳已是科技重鎮，上海也成了舉足輕重的金融中心。盛智文慨嘆，香港很多人從來沒去過內地，看不到內地奇跡般的變化。"現在內地在很多方面比香港、甚至世界很多地方都要進步，人們的生活大大改善。"

盛智文認為，香港的未來在於投入粵港澳大灣區的發展。香港應好好利用其普通法制度和金融服務經驗等優勢，結合粵港澳大灣區巨大的市場潛力，加以發展。

經過多年打拚，盛智文的生意版圖不斷擴展，在海內外都有業務。除了打理蘭桂坊集團，他也擔任多家企業的董事職務，並身兼多項公職。他關心香港下一代的發展，經常受邀到各大學與年輕人分享經驗。

談到成功的定義，盛智文這樣說："成功與否，並非只著眼於你賺到多少錢，最重要的是你所做的能否為別人帶來正面影響，令更多人的生活變得更美好。"（參與採寫：方棟　林寧）（新華社香港 2020 年 7 月 19 日電）

二

勇毅

忠誠勇毅，香港警隊的座右銘，也是香港精神的重要內涵。忠誠：忠於國家，忠於法治，雖九死其猶未悔。勇毅：面對危險，勇往直前，雖千萬人吾往矣。

　　國安才能港安，國安才能民安。香港警察是維護國家安全和香港安全的忠誠衛士。在 2019 年那場黑雲亂飛的暴亂中，香港警察有的被長矛刺傷，有的被汽油彈燒傷，有的被暴徒咬斷手指，甚至被暴徒偷襲割頸。他們和家人被"人肉搜索"，被惡毒咒罵，身心備受創傷。

　　滄海橫流方顯英雄本色，忠誠勇毅經歷了血與火的考驗，更成為鑴刻在香港市民內心深處的精神底色。面對著黑惡勢力，香港警察堅毅不屈、負重前行，他們始終以專業素養和自我克制，依法全力守護香港平安。

　　這份勇毅和付出，香港市民看在眼裏，疼在心裏。撐警、撐法治、撐特區政府，匯聚成香港主流民意的有力吶喊。無論是用紙和筆揭露真相的專欄作家屈穎妍，或是路見不平拔刀相助的藝人馬蹄露，還是當面怒懟"港獨"分子的"正義姐"藍雪寶，在他們身上，折射出香港人骨子裏的愛國、正義、堅強和勇敢。

（查文曄）

香港女警：
風雨彩虹　鏗鏘玫瑰

朱玉　陸敏　洪雪華

30 個小時？

嗯，30 個小時。

2019 年 6 月 30 日下午 5 時起上班，到 2019 年 7 月 1 日晚上 11 時下班。

接受採訪的香港女警都在翻找日曆。她們實在是記不清那麼多加班中，哪一天是最辛苦的一天。

這一天，她們忘不了。

超長的工作時間，是為了防止暴徒攻擊香港警察總部和特區政府總部。那時，暴徒們衝擊並砸毀了不遠的立法會。

香港警察 3 萬警力，女性警察約 5000 人，約佔總警力的 17%。20 世紀末風靡港澳及內地的香港電視劇《陀槍師姐》，劇中香港女警高效、敬業、獨立的形象給觀眾留下深刻印象。

但現實不像電視劇一樣浪漫。

6 月開始的 "修例風波"，已經持續一百多天。她們記得最累的時候，全身防暴裝備沒來得及脫下，戴著頭盔就睡著了。

前綫 "霸王花"

警隊中，每個人穿好一整套防暴裝備大概需要 20 秒。

一個小隊如果有 40 餘人，全部人穿好一整套防暴裝備的時間是 ——40 秒。

　　隨著暴力衝突事件頻發，經常需要出任務，有時候警察們十三四秒就能把防暴裝備穿好，以最快的速度到達暴力衝突現場。

　　香港特區有五個警區，每個警區都有 170 人的機動部隊。

　　香港警務處機動部隊作為一支專門處理暴力衝突事件的隊伍，每名警察都要有防暴裝備，重量最多約 18 公斤。

　　一整套防暴裝備包括防暴盔、防彈盔、防毒面具、警棍、槍械等。全套的裝備能夠為警務人員的安全提供保障，但也有明顯的不便之處 ── 重。

　　香港夏季的天氣異常悶熱，女警們穿著厚重的防暴服，戴著防毒面具，不一會兒便會汗流浹背。

　　香港警務處某機動部隊鄭警長曾背著護甲、頭盔、長槍等防暴裝備，行進 6 公里。那天她又跑又跳，還不時對暴徒喊話，一天下來體力瀕臨崩潰邊緣。

香港警務處對男性和女性警務人員一視同仁，工資待遇和上升機會都均等。這也意味著，女性的訓練水平、工作強度也要與男性均等。

甚至，機動部隊中，女警員也要留著短短的頭髮，這是職業要求。

很多女性警務人員表現優秀，每次行動出動的速度很快。她們的體力都達到機動部隊的標準。但她們很多人只有小小巧巧的個子，站直了還沒有警方最高的盾牌高，防暴服要穿最小號的，還比自己的體型大不少……

只有不斷地訓練，以保證自己的體能可以符合要求。

香港警隊已成立 170 多年，女性警務人員的出現開始於 20 世紀 50 年代。短短 60 餘年，香港女警在警隊中的角色發生了翻天覆地的變化。

與男性警務人員相比，女性警務人員心思細膩和善於聆聽。很多女警會非常細心留意暴力衝突現場的各種細節，並擅長做溝通工作，緩解衝突現場的緊張氣氛。

暴力衝突現場常伴隨著肢體衝突，很多暴徒是女性，這種情況更需要女警去處理。前綫工作需要女性警務人員，她們要和同事共同分擔任務和壓力。

只是，當暴徒發現站在對面的是個女警，污言穢語就像髒水一樣潑過來。這些說粗口的暴徒當中，往往也有女人。

今年年初，香港警隊被公認為世界上最優秀的警隊之一，市民滿意度高達 84 分。但僅僅幾個月後，香港警察們卻處於百口莫辯的污衊和咒罵之中。

類似的情況發生在五年前。在"佔中"發生時，香港警察也同樣被"污名化"，很多人因此質問：罵警察就是為了搞垮警隊，但搞垮警隊後，你們想幹什麼？

"看到警察這樣好心疼……"一位身居香港的女士，眼看著剛剛跟暴徒搏鬥完的警察，在深夜穿過一片罵聲疲憊地走過。

"真的生氣啊，你在認真保護他們，但他們罵你的話，我都說不出口。"

也有人勇敢地從人群中衝出來，遠遠地衝著包括女警在內的警察豎起大拇指，"支持你們，我撐警察！"

"齊齊整整上班，平平安安回家"

8 月 11 日晚上，暴徒包圍尖沙咀警署。這只是這些天來，暴徒們 160 多次對警署的圍困之一。

"媽媽加油！"那一天，香港警務處某總區應變大隊大隊長譚警司正在現場，孩子主動打電話來。

譚警司是兩個孩子的媽媽，一個上中學，一個上小學。這個暑假，她經常扔下一句話："媽媽出去工作了！"

累壞了的媽媽，最早也是在 12 個小時之後才能出現在家裏。

三個多月來，隨著暴力不斷升級，譚警司和其他同事經常需要加班加點，每天經常需要工作 16 至 17 個小時。

香港警務處某機動部隊小隊指揮官梁督察記得有一次在金鐘夏愨道，她們警察小隊只有十來個人，結果迎面走來三四千黑衣人，他們瞪著發紅的眼睛，拖著攻擊用的鐵通、鐵馬等，彷彿看到了喪屍大片。

現在經常有人在網上叫囂要殺警，要用土製炸彈攻擊警察。不僅如此，警察們每天都要面對另一種威脅。

香港警方表示，6 月以來，1600 多名警員的個人資料被惡意 "起底"，個人資料私隱專員公署也轉過來 608 宗 "起底" 案件，其中涉及警務人員的超過七成。而從 6 月初至 8 月，已有約 250 名警員被暴徒襲擊而受傷。

記者面前的幾位香港女警，她們的個人資料都被惡意洩露過。

梁督察與家人的合照被惡意曝光，她的身份證、家庭住址、電子郵件等都被曝光。有一天凌晨 1 點，她接到了十幾個騷擾電話，每天下班回到家門口，她都會下意識地 "東張西望"。

就連警察們上班時停在警署內的車，都有人在遠遠的高點用長焦鏡頭拍下車型和車號，然後這些照片就會出現在策動暴亂的網站上。為了讓家人平安，很多警察在停車入位後，用布把車牌蒙起來。

"我們接受過專業訓練，但家人不同，很怕他們被傷害。"女警們最擔心

的是家人的安全。

"齊齊整整上班，平平安安回家。" 這是譚警司最大的願望。

香港的未來會怎麼樣？

笑得最開心的她，香港警務處某機動部隊大隊副隊長倪總督察突然忍不住哽咽起來。

有著 20 多年感情的中學同學群，一天告訴她：你不能留在這個群裏了。

因為看了媒體的虛假報道，同學站在了她的對立面。"她們不信，我一遍一遍解釋。" 那天是倪總督察帶隊去追捕暴徒的。

倪總督察說，媒體報道只要全面報道真相就可以，但是很多香港和西方媒體完全顛倒黑白。

譚警司曾抓到一個 13 歲的暴徒。面對眼前的少年，她很痛心，因為她也是一名 13 歲孩子的媽媽。"不明白他這麼憎恨警察，憎恨政府，他的父母知道了應該會很痛心吧。"

壓抑感更來自許多媒體的不實報道。新聞中暴力衝突的畫面越來越多，有意識地抹黑警察的言論鋪天蓋地。有的穿著記者背心的人，把鏡頭直接懟到警察的臉上，卻對暴徒的破壞行為完全迴避。

"這樣下去，香港將變成什麼樣？"

倪總督察說，如果我現在不是警察，我可能不會選擇當一名警察，但我現在是一名香港警察，我就會做下去，沒法退縮。我確認我做的事是對的，我們在守護香港法治。

另一位，深水埗警署的陳秀欣警長，在面對採訪的鏡頭時，堅持選擇不隱去面容和名字。她說："我為什麼要隱去自己的臉？他們才是犯法者。我是警察，問心無愧就可以。"（新華社香港 2019 年 9 月 29 日電）

屈穎妍：想喚醒一場
集體催眠

陸敏

2019 年 6 月開始，一場猝不及防的"修例風波"席捲香港。黑衣蒙面人在街頭縱火堵路搞破壞，對持不同意見的市民和機構進行號稱"私了"的圍毆和號稱"裝修"的打砸，外加起底、恐嚇和霸凌，讓香港一度陷入了人人自危的"黑衣恐怖"。

這段時間，一位女性專欄作家以幾乎日均一篇的辛辣時評，不僅讓暴徒和其後的指使者們日日"扎心"，還"膽敢"無視對方的恐嚇威脅，始終坦然署上自己的名字。

她就是屈穎妍，香港資深媒體人、知名專欄作家。

"黑色暴亂猶如一場集體催眠，我想用筆喚醒那些迷失在其中的人。"她說。

內心已經過了"恐懼"這一關

記者面前的屈穎妍，身材嬌小，笑容安靜。

難以想像，這樣的嬌小和安靜，如何承載一篇篇"怒向刀叢"的時評——

"有一種無良叫政棍""舔過血就不會怕血腥""沒大台，卻有後台""一個大學校長面對失智社會所需的鈣質"……

今年 2 月，屈穎妍把有關時評結集成冊。正趕上新冠疫情爆發，這本名為《一場集體催眠》的新書悄悄問世，卻沒想到反響熱烈，短短一個月內再版

六次，並連續幾週高居香港社科書籍銷售榜前列。許多讀者反饋說，很多文章當時都讀過，買書就是想完整保留這一段歷史。

"這場黑色暴亂中，許多真相在輿論場上被歪曲和顛倒，我一介文人，唯一能做的就是觀察和記錄，留住歷史。"屈穎妍說。

然而談何容易。"不要說年少無知的學生，就是那麼多有學問有名望的專家學者，也變得不可理喻。如同集體受了催眠，中了邪一樣。催眠專家說，在人群中，有些人就是不容易被催眠。我大概就是這樣的人。"

做"獨醒人"本已難得，屈穎妍卻不甘於此，她決心去做一個"喚醒者"，秉持冷靜、反思、探究的態度，堅持發聲，希望香港社會從混沌中警醒，修補傷痕，重新出發。

黑色勢力惱恨之餘，當然不能放過她。

"騷擾電話幾乎每天都有，一般都是凌晨三四點打來。"接受記者採訪的當天，屈穎妍還接到了騷擾電話。她自嘲受過包括電話騷擾、全家起底、街頭辱罵、寫信恐嚇等在內的"全套攻擊服務"，內心已經過了"恐懼"這一關。"我經常鼓勵身邊的人，恐懼也好，難受也好，心裏會不舒服一陣子，挺過去就好了，很多時候我們需要過的是自己內心這一關。如果對方的行為犯法，報警好了，我相信香港還有法治，我們不能害怕那些人。"

屈穎妍有三個女兒，只有小女兒還在上中學。因為她的緣故，女兒受到一些同學的孤立，還遭到個別老師的不公正對待。她問女兒："要我向學校投

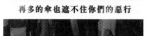

訴嗎？"女兒淡定地說，不用，我自己能處理。有一天，女兒回家說老師佈置了作文題要寫《我最敬佩的人》，"媽媽，我寫了你，因為你很勇敢"。

一些"唯我獨尊"的年輕人習慣於索取

在 2019 年的"黑暴"中，黑衣蒙面人日益加劇的暴力行為已顯露出恐怖主義的色彩。而在這些暴徒中，不少是被蠱惑被煽動的大中學生。屈穎妍深感痛心："香港教育出了大問題。"

在屈穎妍看來，讓學生和家長考評老師和學校的機制，讓家長和學生成了學校的"客戶"。老師小心翼翼，不敢得罪學生這個"老闆"，"如此一來，尊師重道之風蕩然無存"。

"香港不少家長稱自己的孩子為'老闆'，動輒我家'老闆'怎樣怎樣，而一些孩子由外傭帶大，更是名副其實的小老闆了。"不少年輕人在這樣唯我獨尊的氛圍裏長大，面對社會，更習慣於索取和苛責。

社會教育也如此。屈穎妍曾在一家港媒工作多年，該報的娛樂新聞經常在明星照旁邊配上"旁白"——髮型誰做的，花了多少錢；服飾什麼牌子，有多貴。如果明星過氣了，就會拍他（她）如何落魄，"這就是價值觀教育，潛移默化地讓年輕人以貴賤論成敗"，於是，你會發現，在香港很多平民的孩子，家境並不好，但他們要背上千元的書包、穿潮牌的鞋子，"其實他們是在這樣的價值觀裏尋找認同感"。

回想起自己成長的年代，屈穎妍清晰地記得，在家裏，從小看媽媽唱民歌、跳中國舞，在學校，地理老師總在黑板上畫一幅中國地圖，還要求每個同學都學會畫，"所以我從來都不會有身份困惑，'我是中國人'早就扎根於心"。屈穎妍帶女兒參加內地旅行團，在車上和遊客們一起唱歌，女兒看呆了，"好多歌她從沒聽過，但我都會唱，感覺自己是他們的一分子，特別開心。"

獨行女俠仗"筆"走天涯

屈穎妍的文風在香港時政評論界獨樹一幟，以"快、準、狠"著稱。

"網絡時代，拚的就是一個'快'字。"屈穎妍說，"就看誰先把東西放到讀者的腦袋裏，誰先放，誰就贏了一半。"還有，"我從來不說某人、某天，新聞要講事實，要說就說誰誰誰幾月幾號，不讓人瞎猜。"正因為出手快、目標準，而且詞鋒犀利不含糊，讀來酣暢痛快，她的文章吸引了越來越多的"鐵粉"。

"文章再好，讀者讀不進去也沒意義，要讀進去，最容易的方法就是講故事。"屈穎妍從來不是對著電腦看資料"憋"文章，而是走進生活裏，跟不同圈子不同年齡的人交朋友，吃飯聊天聽故事，回來後再去找資料查背景，"生活才是寫作靈感的源頭，我經常坐公交、逛超市，要始終感受城市的脈動"。

有時候，她還回到老本行參與採訪。去年底，她專程採訪了在"黑暴"中受鏹水彈襲擊的警察小虎。小虎手臂遭化學燒傷需要植皮，過程痛苦異常。讓屈穎妍感觸最深的是，小虎雖然身體受到了永久性傷害，卻完全沒有仇恨，反覺得自己獨自休養對不住前綫戰友，盼著早日能重返前綫，同袍情誼令她心疼又感佩。

在屈穎妍眼裏，香港警察正義、專業、盡責，她寫了許多"撐警"的文章。"我不是歌頌警察，只是看不過眼，出來講句公道話而已。"屈穎妍說，"經歷了大半年的磨煉，經歷了那麼多的汽油彈襲擊，各種辱罵、攻擊和污名化也打不垮，香港警察一定重新蛻變，成為世界上最厲害的警察。"

仗"筆"走天涯的屈穎妍，也是個打不垮的女俠，刀光劍影早已是雲淡風輕。

"這些年，只是一個人、一支筆，路見不平，不吐不快，僅此而已。"她說。（新華社香港 2020 年 3 月 29 日電）

遭割頸阿 Sir 一家的艱難與堅強

郜婕　張雅詩

"其實差一點點，我的兩個孩子就沒了爸爸。"

警嫂阿梅（化名）說這話時，丈夫阿力（化名）遭暴徒割頸的事已過去一個半月，但她仍止不住後怕，強忍眼淚。

"我怎麼也想不通，他（施襲暴徒）為什麼要這樣傷害一個人。我先生身為執法者，只是去做應該要做的工作。"

10 月 13 日，星期天，黑衣暴徒在香港多處肆意破壞。阿力與同事奉命到港鐵觀塘站處理一宗刑事毀壞案件。他們準備離開時，一群黑衣人尾隨叫囂。人群中突然伸出一隻持刀的手，直刺阿力頸部。

阿力回憶稱，發覺右後方有人戳了一下他的頸部，回頭看見一隻拿著武器的手，於是上前制服那個人。那一刻，他沒覺得痛，更不知道自己傷得嚴重。直到將襲擊者制服，他才發現地上有很多血，他的上衣也被血浸濕。

看到身邊的同事表現緊張，阿力猜想自己傷勢嚴重。到了醫院，醫生的診斷證實這一點：他的右頸被割開一道深 5 厘米的傷口，頸靜脈和迷走神經切斷。

"差一點點就傷到大動脈"

事發時，阿梅正在家準備晚餐，突然接到另一名警嫂來電，得知阿力所在衝鋒隊一名警長受傷。她立即給丈夫打電話，沒人接聽；發信息，沒有回覆。

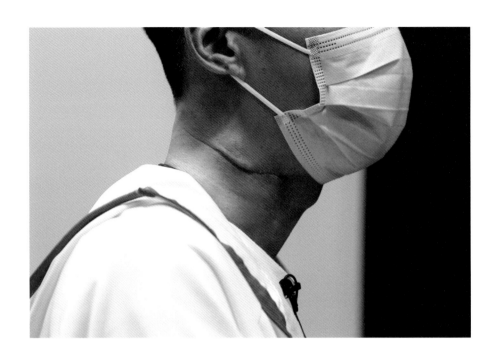

　　10 分鐘後，阿梅接到丈夫同事的電話，證實丈夫受傷，正送往醫院，頓覺頭腦"一片空白"。

　　"我當天沒有看新聞，不知道什麼情況，只知道他頸部受傷。" 她說，她請母親幫忙照顧孩子，自己匆忙收拾丈夫可能需要的東西，慌亂中"不知道收拾什麼好"。

　　趕到醫院，阿梅看到丈夫被多名醫生圍住，等待手術。"他望向我，想跟我說話，但是聲音很小。" 回想那一刻，阿梅聲音顫抖。

　　手術成功，靜脈和神經綫重新接上。此後幾天，阿力待在重症監護室，感受到從未有過的痛楚。

　　他回憶："我雙手被綁住，因為醫護人員擔心我會抓到傷口。醫生用嗎啡幫我止痛。藥效過後，那種痛我不知道怎麼形容。"

　　經歷痛楚，阿力仍說自己"好彩"（意為"幸運"）。"醫生說靜脈、動脈和迷走神經是一組，慶幸的是我只是靜脈和迷走神經斷了。如果連動脈也斷掉，傷勢會更嚴重。"

　　如果頸動脈割斷，性命可能難保。這樣的 "如果"，阿梅不敢想。她說："醫生說過，差一點點就傷到大動脈……現在是不幸中的大幸。"

"要確保隊員齊齊整整離開"

阿力從警 20 多年，不是沒遇到過險情，但這次成為一名仇警中學生暴力襲擊的目標，出乎他意料。

他說："我遇襲前，覺得香港不會發生這樣的事，因為警察就應該維持治安、執法，無關政治。對這次襲擊，我感到無言。"

對於襲擊他的那名 18 歲男子，阿力說，他不覺得憤怒，只是不明白對方為什麼要這樣做。"這幾個月，有些大學生、中學生用很暴力的手段襲擊警察、市民，破壞商鋪。我覺得香港的教育出了問題。"

在他看來，很多污衊警方的謠言猶如"天方夜譚"，而有些年輕人竟會相信。"一個接受了這麼多教育的人，應該有獨立分析能力。我不明白有人會相信這些。現在香港社會出現太多歪理，而且有傳播力，這是不好的風氣。"

仇警歪理持續滋長數月，香港不時出現落單警察遭暴徒圍攻的情況。作為衝鋒隊的一名警長，阿力每次帶隊出勤都擔心有同事因掉隊而遇襲，因此通常安排同事先行，自己殿後。

"我要確保我的隊員齊齊整整地離開，所以我要留守到最後。"他說，即使自己受到襲擊，但如果讓他重新選擇，他仍會這樣做。

"相信很多人支持我們警察"

出院後，阿力每兩三個星期要去復診，還需接受至少半年言語治療。由於控制聲帶肌肉的迷走神經損傷，他的右側聲帶可能再也無法如常振動。目前他只能依靠左側聲帶說話，聲音沙啞無力，不時咳嗽。

"他現在不能大聲或長時間說話，有時想大點聲訓孩子都會走音。"阿梅苦笑道，他很想跟孩子聊天，但聲音太小，孩子經常聽不清。

說起孩子，阿力眼眶泛紅。

"我對家人有點內疚。"他說，這次受傷，不僅影響了他與家人的日常溝

通，還讓他陪伴孩子的時間減少。他習慣一有時間就接送孩子上學，但這次事件後，他擔心被"起底"，不得不"低調"。

"修例風波"發生後，警察成為暴徒攻擊和網絡暴力的主要目標。香港警方最新數據顯示，6月至今，共有 483 名警務人員在相關行動中受傷，數以千計警員及家屬個人信息遭惡意洩露。

"我害怕子女因我而受到欺凌。"阿力說，"但我不認為做警察，或者這次受傷，是一件不光彩的事。"

阿力本是正面樂觀的人。他說，這次受傷後，他得到警隊很大支持，受到醫護人員專業細緻的照顧，更收到大量來自市民的慰問卡。"我相信還是有很多人支持我們警察維持治安和執法。"

阿梅說，丈夫受傷之初，她覺得很仿徨，幸虧有親友幫助，"最艱難的時候已經過去"。

阿梅問過丈夫，康復後是否打算返回前綫，得到肯定答覆。她知道丈夫是一個"坐不定"的人，還想與前綫同事一起工作，而她會尊重他的決定，支持他繼續做喜歡的工作。

現在丈夫每次復診，阿梅都會盡量陪伴。"他說話吃力，我擔心他跟醫生講不清楚，出門也不方便。我能做的，就幫他做。"她說，"夫妻本就應該互相鼓勵支持。"（新華社香港 2019 年 12 月 2 日電）

香港警察"空手小虎"：傷越痛我越強

朱玉　蘇萬明　洪雪華

小虎（化名）已經達到空手道黑帶的專業級別，數次拿到國際比賽的冠軍。

他從 11 歲就開始接受空手道訓練，防衛和搏擊早已成為本能反應，可以近距離閃電般放倒別人。

問：你會用空手道 KO 普通人嗎？

他回答：不。

在工作中，他會克制本能反應，按照規定，只使用香港警察的防身術。平時，他牢記著師傅灌輸給他的：武德。

這是"修例風波"中被暴徒鏹水彈嚴重燒傷的一名香港警察，微博上的"空手小虎"。

2019 年 10 月 1 日，小虎和其他防暴警察被派往香港屯門大會堂執勤，"當時任務很清楚，保護國旗"。

中午 12 時左右，更多蒙面暴徒聚集，"身上明顯帶傢伙"。

暴徒拿出剪刀，要剪斷掛國旗的繩子。小虎和同事們見狀衝出來，一邊警告，一邊驅散。

暴徒們不甘心，數次聚集圍攏，共約六七百人。

小虎和其他防暴警察退守旗杆。鏹水彈、石頭、雨傘，不斷向他們襲來。

一群暴徒衝向幾名警察，打算襲擊他們並搶回已被制服的同夥。小虎衝了出去，數秒後，他開始覺得右手內側疼了起來。"這種疼痛非常特別，和平時不一樣。"

低頭一看，右臂兩處、右後背一處，一大片地方正冒著白煙，並開始滲血水，疼痛鑽心。"中鏹水彈了！"

小虎眼看著自己傷處從正常膚色變成了咖啡色，繼而血紅色，之後迅速起了大片水泡。他的黑色佩槍，轉眼間被強酸溶解為粉紅色液體。

救護車上，耐受力遠強於一般人的小虎疼到一路嚎叫，不停地踢車門來轉移對疼痛的注意力。

救護車抵達醫院。

3 針嗎啡，疼！

加 3 針，還疼！

再打 2 針，加 3 支止痛針和鎮靜針，還是疼！

醫生告訴他，劑量太大，不能再打了。

小虎最初以為只是普通傷害，可以很快出院。但醫生告訴他，這是三級化學品傷害，是腐蝕性液體灼傷中最嚴重的等級。

受傷的地方神經被徹底燒壞，醫生拿起他的手臂，他完全沒有知覺 —— 遠遠不是簡單的皮肉之傷。

"修例風波"中，香港警察受傷的類型各種各樣：燃燒彈燒、弓箭射、石塊砸……乃至刀子直接刺向警察的脖頸。

小虎成為傷勢最重的香港警察之一，至今未癒。

三次痛苦的手術接踵而來。

醫生把被腐蝕的肌肉和神經全部挖了出來，敷上別人捐贈的皮膚。

　　大約一個星期後，做第二次手術 —— 植入人工皮。醫生用半厘米長的釘子，將小虎手臂上的"好皮"和人工皮鉤住。三大片傷口，每片約有 100 顆釘子。

　　植皮三個星期後，小虎再受一次煎熬：從大腿內側取三分之二的皮，敷到傷口上。

　　這是個有尊嚴的傷者。醫生告訴他，可以在病床上方便，但小虎絕對不能接受，"因為我四肢健全，又不是沒有手腳"！

　　術後第三天，他下床去上廁所，正常走過去 30 秒，他花了 45 分鐘。

　　受傷半年後，每天早晨，雪白的床單上，都是裂開的傷口留下的一抹抹血痕。直至今日，小虎還經常感到疼痛，半夜痛到睡夢中下意識喊出聲來，吵醒了自己。

　　醫生發現，小虎對藥物反應較慢，如果以超出常人的劑量給藥，恐怕帶來其他嚴重的傷害。小虎選擇了不服止痛藥。

　　"一度以為自己挺不過去了。"他說，如果沒有這次受傷，"我都不知道自己對痛楚的承受能力、忍耐力，原來如此之高。"

　　在小虎住院期間，香港警方屢次發現暴徒們的彈藥庫，並起獲多個未來得及引爆的炸彈，最大的一個炸彈 10 公斤，裏面除炸藥外，還有大量的鐵釘。彈藥之多，被警方稱為兵工廠。

本土恐怖主義這個詞已越來越多被香港警方提到，小虎接受採訪的前兩天，一枚土製炸彈被寄給了香港警務處處長鄧炳強。

受傷後第 17 天，小虎開通了微博賬號，記錄手術和恢復過程。

第三次手術是受傷一個月後，全身麻醉前，他心裏默唸：但願一覺醒來，一切都只是一場夢。傷口再也不見，這個城市，回到從前。

他的祈禱沒有成真。

小虎很著急。他對久久不癒的身體生氣，拚命做康復運動，因為運動強度太大，反而造成了勞損。

疼，他從不掉眼淚。但一提到警方領導多次出現在病房，和自己在關鍵時刻倒下幫不上忙，哽咽得控制不住。

第 50 天，終於洗了一次全身澡，"這是一個多麼簡單且完美的生活需求"。

第 98 天，小虎發了一篇微博：感覺我的胳膊和背部，都有一個喜歡掙扎的小嬰孩，他在逐漸成形，新奇又甜蜜。"老子快痛瘋了，你快長好！"

他嘴裏的 "小嬰孩"，是結痂恢復中的皮膚。

歸隊，小虎腦子裏只有兩個字。

微博賬號很快走紅，網民們閱讀並評論了他的每一條微博，有人稱呼他為 "英雄"。小虎說："我不希望大家把我們當英雄、當明星，這個違背了我們做警察的意義。我們是執法者，執行法紀是本職。"

醫生告訴小虎，將來可能要進行第四次、第五次手術，在背上切開的地方再植皮。讓手臂活動更流暢、幅度更大一些。

小虎深切地經歷了痛苦，"真的不願意再有市民或同事跟我一樣受傷，因為我知道這太痛苦了"。

入職 13 年，每次面對暴徒的挑釁，小虎不會動怒。"他們想用這些手段挫敗警察，我們生氣，他們就達到目的了。"

他說，香港警察只會越來越強。(新華社香港 2020 年 5 月 3 日電)

港警卓 Sir：溫暖和辛酸並存的艱難之路

朱玉　張雅詩　陳其蔓

卓錦鵬與香港警隊結緣，起因於一條路遇的狗。

20 歲出頭的他剛剛考下牌照，騎著摩托車，一條狗突然衝到大路上……

失去寵物的狗主人傷心至極，提出各種要求。於是卓錦鵬報警。

警察看到現場情況，告訴卓錦鵬：你沒有責任。

就是從那次起，卓錦鵬感覺到香港警察真的是可以幫助市民的，當警察成為這個大學生的夢想。

香港警察收入高，穿上制服很帥，可以把一米八幾的大男孩卓錦鵬襯得更加英俊和男人氣……

有什麼能阻擋一個人實現自己的理想呢？何況走向理想，還可以因此變得多金且更帥。

大學畢業後的卓錦鵬變成了香港警隊中的卓 Sir，卓錦鵬督察。

但卓錦鵬萬萬沒有想到，入職三年多的他，會在 2019 年面對這樣的日子：48 小時吃不上飯，每天要上十幾個小時班，五六天回不了家，二十多歲的棒小夥子累倒在路邊癱倒就睡。

還有鋼珠彈，打在警察的盾牌上呼呼作響，裝滿汽油的燃燒彈更是不知道從哪個方向飛來。

香港 "修例風波" 的電視直播中，幾乎在現場的每一位香港警察嗓子都是啞的，他們要在無比危險的環境中對抗不知道在哪裏藏著的暴徒，躲開漫天而來的汽油彈，呼喚夥伴，還要試圖扯著嗓子反覆說服那些在現場觀望甚至在破口大罵他們的人：回家吧，這裏危險。

　　——儘管幾乎沒有人領會他們的好意。

　　卓 Sir 就是在這時，兩次被人拍攝下來。一次是 2019 年 9 月，一身防暴裝的他抱著膀子，冷眼對著對面，臉上有個被暴徒激光槍打出來的綠點——當時他只覺得光很刺眼。

　　香港警方曾演示用激光槍照射紙張，10 秒內便有燒焦的跡象。照射眼睛，可能在 0.1 秒或 0.2 秒內，就可以破壞眼睛，甚至會導致永久失明……

　　沒有藥物和手術可以挽救。

　　第二次是他在勸說一個激動的姑娘："你年輕有為，十幾歲吧？用腦子想想，別讓人煽動。"

　　有人評價：警察當中的絕大部分人都特別有使命感，既單純又愛較真，其中一點表現就是特別喜歡和人講道理，有種"這明明就是真理為什麼你們就是不聽勸呢？"的感覺。

　　卓 Sir 勸說女孩的視頻被人放到了網上，在內地引起了波瀾。卓 Sir 自己 2019 年 9 月 17 日開通微博，然後——網上撲面而來的熱情幾乎把他淹沒了。網友把他的名字改成"卓有為"，粉絲們幾乎人人都會學他那段"你年輕有為啊"。網友們喜歡這位香港警察的帥氣，也欣賞他不僅五官正，三觀也正。

　　卓 Sir 已經收到從內地寄來的超過 500 張心意卡，每張都真摯得讓他覺得溫暖而又心酸。

　　有的心意卡上面寫著：多謝你們守護香港，支持香港警察。這些熱乎乎的卡片讓他百感交集：卡片是內地同胞寄來的，香港警察守護香港，很少聽到家鄉人的叫好，反而得到內地同胞的支持。

　　也有人說，香港警方過於克制。卓 Sir 說，克制這個詞其實是外界賦予我們的。你問我們是不是特別克制，反而我會從另外一個角度理解，那就是我們是跟從指示和規矩去做事。每個地區、每個不同的環境，都會有其執法的方式。我們作為香港警察，有香港的法例，也有一些限制。至於有些情景暴力升級，警察會使用更多的武力去制止事件發生，如果不是必要，我相信所有警務人員都不會想使用最高的武力層次。如果使用最高武力層次，大前提是暴徒先使用了更高程度的暴力。

　　卓 Sir 最難忘的是去年 11 月在香港中文大學二號橋的經歷。暴徒佔領橫在吐露港公路上的橋樑，往橋下扔各種危險品，公路被迫中斷。

　　守護這座橋幾個小時後，卓 Sir 接到命令：撤退。但公路已斷，他們需要走到可以接應的地方。

　　被暴徒堵在公路上的司機們以為是警方封鎖公路，破口大罵。

　　這種時候辯解是蒼白無力的。罵聲中，已經竭盡全力的香港警察們，默默地扛著每個人幾十公斤的裝備，走了幾公里，穿過了屈辱的走廊。

在家鄉香港，卓 Sir 已經被迫刪去了社交媒體賬號。他的個人資料被 "起底" 和公之於眾。

只因他實現了當警察的理想，全家人都與這個警察一起，深陷於被周圍威脅的恐懼之中。

情急之中，卓 Sir 發給朋友的信息中說，如果香港平安自己犧牲了也沒關係。如果真的有不測，麻煩朋友把蓋在自己棺木上的國旗做大一點。

因為他個子高，也怕冷。

朋友把這段對話放在了網上，看到的人悲憤不已，幾乎淚崩。

那段時間，香港全部的前綫警務人員，都無法保證自己的每一天能安全度過，更不能保護自己的家人。卓 Sir 們說，從暴亂現場回到家，脫掉防暴裝，靜下來，恐懼感就會像水一樣漫上來。

但，沒有退路。

香港可以沒有警察嗎？

不能。

香港警察可以退嗎？

不能。

卓 Sir 說，香港警察是香港的最後一道防綫，香港警察是不可以輸的。所以問我香港警察對於止暴制亂有多大信心，可以說是百分之百。

站在暴亂現場，卓 Sir 看到過不同國家的國旗，甚至還有暴徒損毀中國國旗。

這個 27 歲的男人，穿著筆挺的制服，坐得筆直，手放在腿上，對著採訪的鏡頭，一字一句地說出了自己的看法：香港是屬於中國的，毋庸置疑。飲水思源，我一定會承認自己是中國人。

但為什麼有些人不去承認自己是中國人呢？卓 Sir 覺得，有些傳媒或是網上的言論，都刻意地放大了一些負面的信息，忽略了國家美好、繁榮、興盛的一面，一句話，成見太深，選擇不去接受中國好的方面。

年輕的卓 Sir 並沒有走遍中國各地。但他說，這只是時間問題。

你會去嗎？

當然會去。好想去，要去的。（新華社香港 2020 年 1 月 18 日電）

撐警女老闆李凱瑚：
我為什麼想做警嫂？

陸敏

　　剛剛結束的香港書展上，有一場《在黑夜點燈 —— 香港這一年：不能忘卻的他和她》新書分享會，書中唯一的"她"在現場致辭說："希望大家攜起手來，永遠支持我們香港警察！有一句話我今天一定要親口說出來，請大家留意我的故事最後一句話，我想做警嫂！這是真的！"

　　她是香港鯉魚門"銀龍咖啡茶座"老闆李凱瑚。2019 年"修例風波"中，她因公開撐警飽受攻擊卻決不退縮，被譽為"在黑夜點燈"的人，也與警察結下了不解之緣。而今，隨著香港國安法落地，社會逐步恢復平靜，去年她在深圳開了新店，一度反目的兒子也回到了她身邊。

　　"國安才能家安。"離異多年的李凱瑚想要一個家，"警察有情有義有擔當，值得託付"。

護在胸口的三張海報

　　下午 4 點，身著"我愛香港警察"藍色 T 恤的李凱瑚正在爐前忙著沖奶茶，義工們幫著招呼客人。小小的茶餐廳懸掛著一幅幅小型國旗和小紅燈籠，熱鬧喜慶。牆上掛著錦旗，貼著各種撐警海報以及李凱瑚與警察和市民的合影，中間桌上陳列著熱心市民贈予的各種禮物，一把打開的扇面上寫著"十四億人茶餐廳"，尤為醒目。

　　在琳琅滿目的牆上，有三張普通的宣傳海報，上面印著撐警口號，還有豎著的大拇指和一顆紅心，簡單樸素，如同她本人，只想做"對的事"，就這

樣開啟了撐警之路。

2019 年 6 月 30 日，李凱瑚參加香港市民萬人撐警大會，在集會上領了這三張海報。那天雨很大，沒帶雨具的她捨不得把海報頂在頭上遮雨，反而把海報塞進衣服護在胸口。回到店裏，她把這三張海報貼在牆上，並在社交媒體上公開支持警察。

此後，她的店鋪不斷被惡意投訴，有人網上惡言辱罵，有人日日往店裏打騷擾、恐嚇電話。有一天，街坊告訴李凱瑚，二十多個黑衣人聚集附近，手持木棍、長傘等候在她回家必經之路上。她不得已叫了一個摩托艇，從後門經海路脫身。

李凱瑚想，最壞的結果，就是暴徒們把店砸了。這個店是已去世的父親一手創立的，傾注著全家人的感情，更是年邁母親的精神寄託。

"但這些都是硬件，砸了可以再買。這裏，" 她指指心口，"良心壞了就沒辦法了。香港警察拚著命守護香港，要是連一句支持都不敢說，我的良心會痛。"

在這樣的堅守中，李凱瑚失去了一些老客戶和老朋友，也贏得了一批價值觀相同的真朋友。他們在茶餐廳互相打氣，抱團取暖。而內地網友們更是通過多種方式聲援和支持，為這個本來是李凱瑚一人操持的 "一人茶餐廳" 起了個溫暖的名字 —— "十四億人茶餐廳"。

"媽媽，我永遠愛你"

在海邊開店，最怕的是颱風。一場"黑暴"讓李凱瑚知道，"人禍比天災可怕一百倍"。2020年6月30日，香港國安法正式實施，李凱瑚激動得掉淚，"終於等到了這一天！"

"店裏多了很多客人。他們過去是想來但不敢來。"李凱瑚說，"現在，他們有了安全感。"

社會也從嚴重撕裂中緩緩修復。

兒子4歲時，李凱瑚與丈夫離婚，獨自撫養兒子長大。多年來，母子相依為命，感情很深。然而，一場"修例風波"讓母子反目，多次爭吵後，兒子扔下一句"媽媽，我不會再愛你了"離家而去，讓李凱瑚萬箭穿心。此後長達半年，母子形同陌路。

在社會氛圍的逐步和緩中，兒子對她的態度也有了轉變。他主動說話了，給她買生日禮物了，回家過中秋了，把女朋友帶回來給她看了……今年6月，兒子結婚了。在婚禮現場，他當著所有來賓對她大聲說："媽媽，我愛你，我永遠愛你！"

她明白，兒子回來了。

到內地開店也與此有關。內地一位"90後"小夥子到店裏找到李凱瑚談合作，他說："我們想做的是一件事，就是想幫助內地和香港的年輕人。"一句話打動了李凱瑚。

她想到了自己兒子這一代香港年輕人，他們對祖國缺乏了解，甚至有很多誤解。"我想，將來從餐廳的盈利中拿出部分，支持香港年輕人去內地走一走，看一看。"去年5月，首家內地分店"銀龍咖啡茶座"在深圳開始試營業。

兩萬一千多個"加油布丁"

2019年6月之前，李凱瑚跟警察很少打交道，對警察的印象來自警匪片

● 李凱瑚在製作奶茶　王申　攝

《除暴安良》。一場"黑暴"襲來，她看到警察日夜奔波，在血與火中守護香港，卻常遭到辱罵、圍攻甚至襲擊。"他們忍辱負重，非常克制。"李凱瑚多了幾分心疼。

在"黑暴"肆虐的時候，她決定親自到警署為警察沖奶茶，為他們加油打氣。

她專門購買了 2 萬多港元的便攜設備，每次提前 5 個小時上門。如果下午 3 點供應奶茶，她上午 10 點就要趕到警署進行準備工作，5 點喝完，清洗設備要到 7 點，回到店裏差不多晚上 9 點了。

"喝著奶茶，好多警察，一個個大男人，哇哇地哭得像個孩子。"李凱瑚知道他們心裏有多委屈，多需要市民的支持。就這樣，她一個一個，幾乎走遍了全港的警署。

警察們也有情有義，不少人一有時間就去幫襯小店生意。有的警察專門到小店來過生日和結婚紀念日。他們說，"這裏是最開心的地方"。有時候，警察下了"戰場"直奔店裏，進門說"我先歇一歇"，就趴在桌上睡著了。

疫情爆發之後，李凱瑚不能去現場沖奶茶了，她就改在店裏為警察做"加油布丁"。全香港有 3 萬警察，一人一個也要 3 萬個，還需要上好的芒果原料。"沒關係，一個一個做，總能做完。"她為這個行動起了個名字叫"三萬

布丁暖警心"，迄今已經送出了兩萬一千多個。

　　9 月 20 日是李凱瑚的生日。去年的這一天，她在警署忙著送布丁，突然燈光滅了，警察們圍攏過來，一齊唱起了生日歌。這一個月，她陸續收到了 30 多個蛋糕，"一個月都在過生日，這是我有生以來最難忘最溫暖的生日"。

　　她從來沒有過這麼多警察朋友，一起走過最艱難的日子，"都是能交心的朋友"。越走近，越了解，李凱瑚越熱愛警察這個群體。"我喜歡男人有擔當，警察就是，我就是要向警察發出'愛的呼喚'。"她笑著說。

　　也許並沒有人留意，她選擇開始做布丁的第一天，是 2 月 14 日情人節。

（新華社香港 2021 年 8 月 1 日電）

"直播"香港暴力亂局的
出租車司機

郜婕　趙瑞希

在香港開了 17 年出租車的周展圖，最近走到哪裏都不忘拿出手機，拍下各處遊客疏落的情況，用社交軟件發給親友們，"直播"暴力亂局下的香港現況。

幾天前，他經過港澳碼頭，特意舉著手機在大廳裏環拍一圈，並為這段視頻配上文字："港澳碼頭都被攪到沒了客人。"

坐上周展圖貼有五星紅旗的出租車，乘客很難不注意到他調度台般的駕駛台：並排架著的 7 部手機中，除了一部是他的"日常用機"，其他 4 部分別運行不同的叫車軟件，用來接網上叫車的訂單，還有兩部打開不同社交軟件的群組，用來與其他司機交流不同地區的用車需求和路況信息。

最近一段時間，他所在的群組裏除了用車需求信息，更多了不少"直播"香港現況的信息。從這些信息中，可以窺見持續兩個多月的暴力亂局對香港各行各業的影響。

遊客大幅減少，出租車司機收入減四成

周展圖告訴記者，就他所見，兩個多月來的亂局對香港各行各業都有影響，"遊客都不來了，有酒店入住率只有五成，有酒樓已經歇業，有人已經沒工作了"。

遊客大幅減少，出租車業首當其衝。周展圖說，他與不少出租車司機最近每天"平均少賺幾百元"，收入減少四成左右。

　　出租車司機是典型"手停口停"的職業。即便是像周展圖這樣自己本身是車主、不用擔心車份錢的司機，平日裏也要每天出車十四五個小時，"從早到晚，夠時才收工"。

　　但最近，周展圖發現一些同行已經決定暫時不出工，特別是趕上有遊行示威時，"能避就避，避不開乾脆不開工"。

　　這一方面是因為示威時常導致堵路，出租車空等在路上，有時連車份錢都賺不夠；另一方面則是擔心碰到暴力示威者"搞事"，萬一車輛被砸，更加得不償失。

　　"最近的確有車輛在街頭被打爛，我所見的就至少有兩三起。"說話間，車子駛過港島一個出租車候客點，周展圖指著長長的空車隊說，持續的暴力破壞活動導致市面冷清，"現在週末都少有人上街"。

　　穿黑衣、戴頭盔，是近期暴力示威者的典型裝束。周展圖說，他在路上看到這樣裝束的人攔車，通常選擇不載客。偶爾搭載示威者，他開車時"不敢出聲"，生怕一言不合起衝突。

對被惡意"起底"的警察感同身受

周展圖如此小心翼翼不是沒有緣故的。他曾目睹 2014 年非法"佔中"持續 79 天的亂局對香港經濟民生的破壞，本人也成為直接受害者。

"非法'佔中'那時候簡直是搞到民不聊生。因為總是堵路，很多人都不坐出租車了。"他說，讓他至今印象深刻的一次是，他開車從太古城到港澳碼頭，不到 10 公里的距離，因為堵路走了一個多小時。

忍無可忍之下，2014 年 10 月，周展圖與其他一些司機在法院向"佔領者"頒佈禁制令後，集體到旺角清理示威者設置的路障。他的手機中至今還保存著當時身穿"我愛香港"T 恤、扛著長柄大鉗子參與清障行動的照片。

參與清障行動後，周展圖被別有用心者"起底"，本人及家人的個人信息被惡意洩露，甚至多次在半夜接到騷擾電話，要他"小心老婆孩子的安全"。

如今回想起那段經歷，周展圖仍禁不住嘆氣："我不怕，但家裏人怕。那段時間，家裏人的社交媒體賬號都刪了我……最近有人'起底'警察，洩露警察家屬的個人信息，攻擊騷擾警察宿舍。我對此真是感同身受。"

希望遏止暴力，用心修補裂痕

周展圖期待儘快把"搞事"者繩之以法，遏止暴力破壞行為，更希望持不同意見的人能"坐下來慢慢談"，用心修補裂痕。然而，正如他不知如何與坐他車的示威者交流，他對眼下不同立場者難以溝通的局面，也感到無奈。

"以前香港人有獅子山精神，互相幫助，融洽相處，但現在大家互相之間很難溝通。"他說，這種"不正常"的狀態讓他不解。其實香港普通市民更關心的是"有工做，有飯開"。此次修訂《逃犯條例》原本也與普通市民無關，"守法市民誰會犯可判監 7 年以上的刑事重罪？"

周展圖猜想，一些被煽動起來示威的年輕人，其實未必知道自己在做什麼。"他們說是為香港將來好，但是香港現在已經不好了。難道一定要把香港拖入谷底嗎？"

"我希望年輕人回頭，讓香港恢復平靜，讓我們普通人可以開工，上班的上班，上學的上學。再搞下去，香港就不行了。"

作為 3 個孩子的父親，周展圖也曾為孩子擔心。非法"佔中"時，兩個正上中學的孩子受同學邀請，也想去參加示威。

"我讓他們先坐下來看視頻。視頻中警察站著，被示威者用雨傘襲擊。他們看完自己判斷是非，沒有參加示威。"他說，"家長要幫孩子樹立正確觀念，學會合理表達訴求。"

現年 50 歲的周展圖做過各種工作，在電影中跑過龍套，還做過送貨員、小巴司機、酒樓服務員等。總結起來，他說："各行各業，只要肯做都可以養家餬口。現在怨這怨那，不如想想將來。每個人都應該有自己的目標，努力生活。有了目標就不會想參與那些不正當的活動。生活總要多點正能量。"（新華社香港 2019 年 8 月 26 日電）

藝人馬蹄露：只想嚇退黑衣人

陸敏

"下巴縫了四針，後腦勺縫了七針，除了還有些瘀傷，其他恢復得都不錯，謝謝大家的關心。"出現在記者面前的香港藝人馬蹄露，下巴和後腦勺貼著大小不一的膠布，她指指自己戴的寬邊棕紅色眼鏡，"幸虧當天戴了眼鏡，不然他們對我噴的不知什麼液體就噴到眼睛裏了"。

"他們"是當下香港亂局裏的暴力分子。

香港"修例風波"四個多月以來，暴力不斷升級，近期更出現了暴力分子流竄街頭，對持不同政見的機構或人士進行名為"裝修"的打砸和號稱"私了"的圍毆。

馬蹄露正是因為拍攝黑衣蒙面人"裝修"場面而慘遭"私了"。

身為香港無綫電視台藝員的馬蹄露，演繹了一個向暴力勇敢說"不"的英雄形象，"我不是英雄，我就是個熱愛香港的普通市民，聽從良知站出來而已。回想當時情形，挺後怕的，家人朋友也都為我擔心，但我不後悔。要是重新來過，我還會這麼做！"

"不知道那手套裏還有什麼"

10月6日傍晚，馬蹄露在旺角路上遇見三個黑衣蒙面人正在破壞中國銀行櫃員機。

"10月5日香港已經實施了'反蒙面法'，我看到他們仍然黑衣蒙面，顯然已經觸犯法律了，何況還在打砸。"馬蹄露心想，如果拍攝蒙面黑衣人打砸場面，會不會對他們的行為產生"阻嚇"效果，"如果他們害怕了，可能就會走了"。於是，她拿起手機對準破壞行為進行拍攝。

　　黑衣人的確是害怕了，但他們不是停止破壞或者離開，而是上前喝令她停止拍攝，並且搶走了她的手機。"我跟在後面追了快 100 米吧，暴徒把手機摔在地上，當時就摔爛了。"她收拾起手機往回走的時候，在一群難以辨認的黑衣人當中，發現其中一個很像搶她手機的人，於是上前理論。就在這個過程中，旁邊突然有一位黑衣人衝出來向她噴射不明液體，令她猝不及防。

　　混亂中，另一個黑衣人一腳踢來，身背雙肩包和大購物袋的馬蹄露被暴徒一腳踹倒，帽子也掉在地上。"到現在，我這裏還是瘀青的。"她指指腿說，"還有一個拿傘打我，之後有一個黑衣人上來對我的臉打了一拳。"馬蹄露事後去醫院驗傷的時候才發現，下巴被類似刀片狀物品割破，"當時拳擊我的黑衣人戴著手套，到現在我也不知道那手套裏還有什麼"。

　　"這時圍觀的人越來越多，有人穿黑衣，有人穿黃背心，但這些人基本上都戴著口罩，不少人在粗言穢語地罵我，其中有個女的不斷講粗話，罵得特別難聽，罵完了還說'單挑'什麼的，我上去抓住她，問她'是不是要單挑？'她一手打掉我手裏的另外一個電話，跑到人群後面去了。就在我低頭撿手機的時候，我再次受到了襲擊。不知道是什麼東西擊打我的腦袋，只記得前後有三下。"馬蹄露打開手機，給記者看她在醫院拍的頭上的傷口照片，兩寸多長的傷口，看上去觸目驚心。

"感激他把真相告訴全世界"

事發至今，雖然不少媒體都想採訪馬蹄露，但她都拒絕了。"我是一名藝人，不想讓人覺得我要借題炒作，更重要的是，我不大敢相信香港的傳媒，我很怕我說的話被人隨意剪輯、斷章取義，我怕其中有詐。"

馬蹄露的擔憂不無由來。她親身經歷的被襲擊事件，經過某些媒體對事實的刻意 "裁剪"，真相被徹底歪曲。有媒體將馬蹄露遇到襲擊後防衛的畫面放在視頻的開頭，似乎是她首先攻擊了 "抗議者"。

一位來自澳大利亞主流媒體的記者，如實報道了香港街頭亂港分子的暴力行為，還原了當天馬蹄露被襲擊的真相，當時他採訪了血流滿面的馬蹄露，並陪同她去警署報警。

"當時我真的很害怕，旁邊有個陌生人緊緊攥住我的兩隻手，一個勁地推我走，現場還有那麼多黑衣人，我只好求助這位記者。" 馬蹄露說，"我很感激他在這麼危險的情況下伸出援手，我更感激他把真相告訴了全世界。"

這位名叫 Robert Ovadia 的記者在社交媒體上發文完整敘述了當天的情

形，指出馬蹄露當時被大量暴徒殘忍對待，並附了現場視頻鏈接。他批評香港目前的氛圍是"有毒"和"危險"的，大量假消息被人當作真相"吞下去"。

Ovadia 事後被標籤為"親中"，遭到網絡起底和恐嚇。"我連累了他！"馬蹄露抱歉地說。

"暴力只會讓事情變得更壞"

對於馬蹄露來說，更深的傷口在心裏。

"香港是我家，遭到這樣的破壞，我很痛心。希望那些年輕人能停一停，靜靜看一下這座被破壞的城市，香港的未來是屬於你們的，怎麼可以破壞自己的未來呢？再破壞下去香港就成廢墟了！"她雙眼含淚，一聲嘆息。

"我始終相信，人性本善，他們只是被蒙蔽和煽動。所有家長、教師和年長一點的人有責任傳遞正確的觀念給年輕人，讓他們知道，暴力只會讓事情變得更壞。"馬蹄露說。

在"仇警"情緒蔓延的當下香港，馬蹄露一直勇敢地站出來堅定支持警察止暴制亂。"從小就覺得，警察就是正義的化身。這次風波中，他們受到了無理的攻擊和辱罵。在這種情況下，我們更要支持香港警隊，讓他們知道愛香港的市民是支持他們的。"

馬蹄露將在一部新戲裏出演一個高級警督，再演警察讓她"很興奮"，"再次穿上警服，我會更加入戲。跟以前相比，我會給角色設計多一份使命感和正義感，還要演繹出更多的忍耐和諒解"。

多次到過內地的馬蹄露希望香港年輕人多到內地走走看看，"我覺得，中國歷史應該重新納入香港中小學必修課程。香港回歸祖國了，香港年輕人理所當然應該接受國民教育，讓他們知道中國的文化歷史，知道中國發展到今天來之不易，為身為一個中國人而驕傲。我們都是中國人，流著同樣的血液，這是無法抹殺的"。

馬蹄露遇襲的消息傳到內地，不少網民紛紛回覆，"一萬多條評論，看都看不過來！他們的關心和鼓勵，令我太感動了！"

結束採訪前，一直用粵語交談的馬蹄露堅持用普通話表達謝意，她對著鏡頭雙手合十："非常感謝內地同胞和香港市民對我的支持，大家一起努力！"
（新華社香港 2019 年 10 月 18 日電）

"正義姐"藍雪寶：
我為什麼不怕？

朱玉　洪雪華

　　這個 55 歲的女人以"正義姐"的名字出名了，甚至有人都不知道她的本名藍雪寶。

　　2018 年 1 月 28 日香港電台節目，當觀眾的她，怒批台上的"港獨"分子周庭。她質問周庭：你既然不是中國人，有什麼資格競選中國香港的立法會議員？

　　"你所持的香港身份證背面印有中華人民共和國香港特別行政區的區徽，如果不認同身份，煩請剪掉自己的身份證！"

　　一語驚人。

　　這和現實中的她有點不一樣。她在特殊學校教授有智力障礙的孩子，是輕聲細語的老師。甚至有點"靦腆"。街上有市民比劃點讚的手勢，她致謝後立馬走開。有初見她的網友這樣描述：那個仗義執言、不怕暴徒、能量巨大的"正義姐"，居然那麼嬌小，實在出乎意料。

　　她開設了一個微博賬號 —— 香港"正義姐"藍雪寶，簡介上寫著：愛祖國，愛香港，撐警察，個人名片上也印著同樣的九個字。

　　網絡暴力和"起底"如巨浪般湧來。照片、身份證、電話、住址、電子郵箱等信息被公開，身份證號碼被登記在器官捐贈網站，臉譜賬號裏有人每天留言辱罵，凌晨一兩點或清晨五六點接到騷擾電話，對方用最難聽的話語威脅她。

　　兒子被學校學生會要求表態。她跟兒子說，可以在他們面前假裝非常討厭媽媽，然後借機走開。

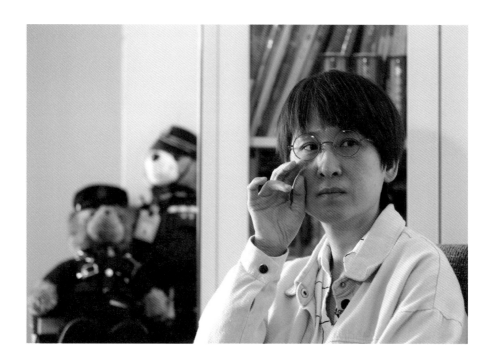

　　"他們想嚇我，我不能怕。" 藍雪寶說。

　　2019 年 6 月開始，"修例風波"席捲香港。暴徒對持不同意見的市民和機構進行號稱"私了"的圍毆和號稱"裝修"的打砸，外加"起底"、恐嚇和霸凌，讓香港一度陷入"黑衣恐怖"。

　　暴徒最猖獗的時候，藍雪寶打電話給認識的記者，叮囑他們注意安全，實在不行就辭職，不要做那麼危險的工作。她卻一次次出現在撐警活動現場，清瘦的臉龐不加遮擋，正面怒視著媒體鏡頭。

　　2019 年 6 月 30 日，藍雪寶第一次參加撐警活動。8 月 17 日，香港各界人士在添馬公園舉行"反暴力、救香港"大集會，她提前抵達現場。10 月 3 日，有建制派成立"禁蒙面法推動組"，她在推動組的名單裏。12 月 15 日，香港市民在添馬公園發起控訴暴力集會，她拿起話筒暢所欲言。

　　她有二十幾個網絡群組，時不時組織一些愛國活動，在唇槍舌劍中名聲漸起，粉絲如雲。

　　直到現在，騷擾電話定時響起，網絡攻擊不斷，藍雪寶不曾改變心意。

　　今年 2 月 21 日，她在銅鑼灣時代廣場拍攝暴徒聚集畫面，手機被搶，當場被暴徒圍毆，直至血流滿面，癱倒在地。第二天，香港媒體報道了這件事

● 藍雪寶和兩隻身穿香港警察制服的玩具熊合影　李鋼 攝

　　——"正義姐"藍雪寶遭私刑。全港一片嘩然。

　　她的後腦勺，頭部左側及左眼角留有傷疤。如果再碰到暴徒非法聚集，"我還會拿起手機拍攝證據，不過要吸取教訓，手機握得更緊點"。

　　會原諒暴徒嗎？她說，我希望年輕人不要被反對派和政棍的"人血饅頭"迷惑，"如果他們能悔改，我選擇原諒。"

　　然而，被私刑後，她所任職的特殊學校校長的郵箱被幾百封投訴郵件擠爆了，郵件質問：藍雪寶為什麼在家辦公期間外出挑釁？

　　學校要求藍雪寶作出解釋，要她學會言傳身教。

　　"那是午飯時間，我去時代廣場是為了購買口罩和洗手液，送給學生和家長。"1992年開始在特殊學校教書的藍雪寶，經常接濟有經濟困難的學生。

　　她半夜被噩夢驚醒，腦海中是被暴徒毆打的畫面。"是不是眼睛閉起來就沒事？不是的，你越退縮，他們就越過分。"

　　暴徒要藍雪寶認錯，她說自己沒錯，絕不妥協。讀過愛國中學的父親告訴她，在任何時候，心裏都要有國家。她在大學主修中國文學及歷史，"人生自古誰無死，留取丹心照汗青"是她的座右銘。

最難的時候，藍雪寶在微博提前寫下遺言：如果我殉國，請你記得我，勇敢站起來！

真的什麼都不怕嗎？其實，怕過。

2007 年 8 月，美麗的藍雪寶被確診癌症，手術和多次化療後頭髮脫落，臉色蒼白得嚇人。

6 歲的兒子來醫院探望她，她悄悄收起滿是血的尿袋，抹掉眼角的淚。7 個多月後，她的身體逐漸恢復。

"那時害怕極了，既然能活下去，就用剩餘的時間做正確的事。"

然而，在"黑暴"籠罩香港時，並沒有那麼多"正義姐"。"有些人心裏是愛國的，為什麼不站出來發聲？"

她也失望過，想放棄穩定的教師工作，帶著兒子離開香港。但當她看到警察被人打，被人指著鼻子罵，"我不可以走！"

成為"正義姐"的時間裏，媒體的採訪邀約不斷，她不厭其煩，重複著一個聲音：支持香港警察，反對暴力，守護香港。有一次，因為心動過速，她不得已住院檢查，醫生說是過度勞累所致。

記者問，為什麼讓自己那麼累？她說，她看到警察被暴徒潑鏹水，被割頸，無辜市民被火燒，被砸死，她氣死了，必須要站出來發聲。

充滿能量的"正義姐"影響了更多人。有市民參加她組織的撐警和愛國活動，並介紹更多朋友加入。她發起"聲援武漢抗疫"的網上活動，鼓勵網友每天晚上 8 點在家唱國歌。

當警察曾是藍雪寶的夢想，但她比香港女警最低 1.52 米的身高要求矮了 2 厘米，報考失敗。

但這不妨礙她成為勇敢的女人，"頂天立地、風雨不改、言出必行"的藍雪寶。（新華社香港 2020 年 5 月 31 日電）

香港警方拆彈專家：
用手觸摸二戰炸彈

朱玉　方棟

43 歲的拆彈專家李展超一身黑色工作服。"我們工作服的主要色調是黑色。"

他拿出黑色封面的介紹材料。材料寫到二戰軍火時，直言不諱地用了四個字描述："非常危險"。

70 多年前埋下的危險，就隱藏在今日香港的鬧市中、地鐵旁、工地上，甚至是在人們嬉鬧的海灘水下。

拆彈專家們必須一個人面對危險。

每位拆彈專家會有助手，也會有團隊，但按照要求，他們只能獨自走向炸彈。

每天面對生死考驗，或多或少地影響了他們的性格。拆彈專家們大多氣質沉靜，靜到似乎周圍的氣溫也隨之下降。

"我親手處理二戰期間遺留的未爆軍火不少於 100 次。"李展超對記者說。1999 年，李展超加入香港警隊。2007 年，經過層層選拔進入香港警方爆炸品處理課工作，如今他已成為爆炸品處理課炸彈處理主任。

爆炸品處理課是香港警方在 1972 年成立的特殊部隊，負責處理銷毀陸上及水下各類爆炸物、生化及核輻射物品。其中，處理二戰期間遺留至今未曾引爆的炸彈是他們的一項重要工作。

"我們每年出動大概有 150 次，其中有三分之一的工作都牽涉二戰期間遺留的未爆軍火。"李展超說，小的有步槍子彈和手榴彈，大的包括數十公斤的炮彈甚至近千公斤的空投炸彈。這些危險軍火穿越 70 多年的時光，向和平年

● （上）香港警方的炸彈處理車　吳曉初　攝
● （下）警方在香港錫克廟附近工地挖掘出一枚重約 500 公斤的炸彈　吳曉初　攝

代的人們無聲地訴說著二戰期間的戰火硝煙。

1941 年 12 月，侵華日軍攻擊香港，18 天內對香港多地進行空襲轟炸。在隨後長達三年八個月的日軍侵佔香港時期，香港置身於交戰各方的連綿戰火中，飽受摧殘。

在戰後的香港，無論是水域、郊野、工地，還是鬧市，都會挖掘出未爆炸的軍火，相關新聞屢見不鮮。

1995 年 7 月，有貨輪在青衣對面水域起錨時，意外撈起一枚重約 225 公斤的美制空投炸彈。2013 年 3 月，在港島大潭篤水塘對面的山頂，發現七枚戰時炸彈，其中一枚重約 900 公斤。

最近的一次就發生在今年 7 月 16 日下午，九龍啟德一工地內發現長約一米的戰時炸彈，周圍的兩千人即時被疏散。還有今年 2 月，在皇后大道東錫克廟附近工地上，挖掘出一枚重約 500 公斤的炸彈，裏面有炸藥 250 公斤。

經過檢測，一些炸彈的炸藥成分依然有效，威力和 70 年前幾乎沒有區別，仍擁有巨大的殺傷力。

十幾年前，香港瑪麗醫院附近的工地上發現了一枚 225 公斤重的美軍空投炸彈。警方切開炸彈外殼，銷毀炸藥成分。通常，炸藥將慢慢燃盡，不再危險。但在燃燒近半時，剩餘炸藥由於過熱發生了爆炸，對周邊建築造成損壞並引起火情。

有一次，爆炸品處理課在港島西區山上處理一枚 180 公斤英軍炮彈，其中有效高性能炸藥大概 90 公斤。李展超說，那天山上下大雨，然而炮彈引爆時，爆炸產生的熱氣流將雨生生逼停 10 秒鐘，隨後還引發了幾十秒的冰雹。"我們一開始還以為是炮彈碎片，趕快找地方掩護，後來才發現是冰雹。"

投到香港郊野山上的炸彈，沒有人敢搬動它們。拆彈專家們要徒步幾小時上山，把炸彈處理完後，直升機再把精疲力盡的專家們救下來……

擁有十幾年處理爆炸品經驗的李展超，最不願意碰到的就是日軍留下的軍火，因為即將戰敗的日本因國力所致，在軍火生產上用材和製作極為隨意，最容易產生誤爆或者意外引爆，對拆彈人員來說就更加危險。

處理二戰遺留軍火，目前是最危險的年代。經過幾十年的演變，炸彈內的化學品性質已經變得敏感和不穩定。

香港高樓林立，人口稠密。拆彈專家要把保護市民和公眾財產作為大前提。他們所有的儀器裝備和手段都是圍繞這一點。

2018 年，港鐵沙中綫會展站工地短短數月內接連發現三枚未爆 AN-M65 型空投炸彈。炸彈長約 145 厘米，重達 450 公斤，其中俗稱 TNT 的黃色炸藥佔到 225 公斤。

李展超說，炸彈威力巨大，如果發生爆炸，每一枚大致相當於 4000 個手雷一起引爆，後果不堪設想。

警方封鎖道路、疏散群眾，在 10 個小時內將附近住宅、商業樓宇及酒店內數以萬計的市民引導至安全地帶。市民安全了，拆彈專家才會返回前綫，真正開始拆彈工作。"通常處理時間至少也要 20 個小時起，經常需要 20 到 40 個小時。"李展超說。沙中綫工地的拆彈作業，爆炸品處理課一名炸彈處

● 在九龍啟德一工地內發現長約一米的戰時炸彈　吳曉初　攝

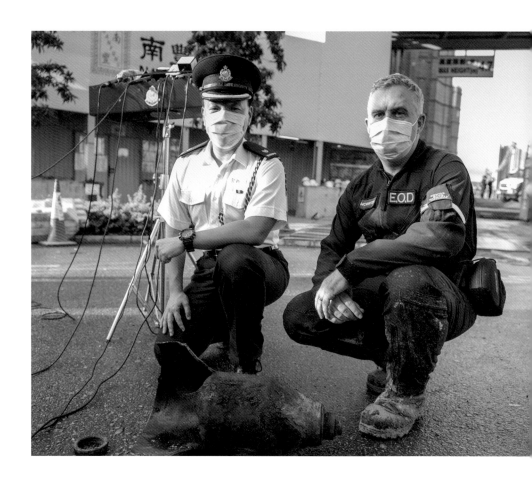

理主任及其助手，連同十幾人的後備小隊，連續工作了接近 30 個小時才完成任務。

　　相較於電影中的驚心動魄，現實中的拆彈工作更加繁瑣複雜。無論炸彈是在哪裏發現，他們首先要徹底挖掘出炸彈，判斷炸彈的型號和狀態。然後用不易產生熱力的水壓磨砂方式在彈身切割。隨後，對裏面的有效成分進行燃燒。炸藥燃燒完，引信上的炸藥也銷毀後，才算處理完畢。

　　拆彈專家是所有警種中危險係數最高的，但是也賦予了隊員們沉甸甸的使命感與責任感。

　　"除了有能力去學習、應用專業的技術和知識外，更要願意去接觸這些危險品、爆炸品，當其他人都選擇去迴避、去遠離的時候，你願意上前一步去處理。"李展超說。

爆炸品處理課有一句格言："正確無誤、萬無一失"，一錯，一失，即是生命。

　　李展超說，隊員們要全面考慮爆炸品的所有危險因素，預先思考某個操作後可能的一系列後果，平和冷靜地在各種解決方案中採取最合適的去施行，用最平常的心態，發揮出最好的水平。

　　處理爆炸品責任重大，每位拆彈專家都是百裏挑一的精英，並且進行了嚴格的訓練。李展超記得，當時包括他在內的 40 名學員接受了八個星期的培訓，最後只有兩個人獲得加入爆炸品處理課的資格。

　　李展超說，此後，隊員還會接受一系列訓練，包括土製炸彈處理、常規軍火處理、爆炸後調查等，並會被派往海外進行訓練和交流。"拆彈專家的訓練時間很長，一般來說完成訓練最快也要 4 年，如果掌握全部爆炸品相關內容，我認為至少要 8 年到 10 年左右。"

　　二戰遺留的未爆軍火一日沒有全部清除，香港拆彈專家的使命就一日不會停止。

　　工作中，李展超從沒有想到過害怕。

　　如果說有情緒起伏的話，那就是每次終於銷毀了炸彈，所有人都安全了，可以收工回家的時候。

　　"那是最欣慰的一刻，每一次都會開心到笑出來。"（新華社香港 2020 年 8 月 15 日電）

三

傳承

這裏，有敦煌故事，有奧運龍服，有國貨老店，有旗袍舊事；有大名鼎鼎的行家名士，也有名不見經傳的普通手藝人；有畢生推廣普通話的老者，也有守護古跡文化的青年，還有癡迷漢服的"90後"女孩……

傳承不簡單，不光是時間上的接續，更是文化上的深度聯結、精神上的承上啟下。是尋根，像"媽媽煲的湯，忘不了、放不下"；是探究，漢服女孩說，"我要推廣漢服，首先要明白自己穿的是什麼"；是弘揚，"怎麼講好中國故事"，一直是有志者思考的命題。

傳承不容易，意味著責任與付出，執著與堅守。故事的外殼也許形形色色，但精神的內核無不同樣堅韌。有捨我其誰的孤勇，有甘於寂寞的苦行，有不計得失的曠達，年長者畢生耕耘，後來者默默跟進。賡續華夏血脈，植根廣袤大地，香港必將從傳承中獲得滋養，煥發新的活力。

（陸敏）

"敦煌女兒"樊錦詩：只緣書中多看了你一眼

陸敏　張雅詩

天下可能沒有比樊錦詩更專注、更長情的"學生"了。

只因為在中學課本裏讀到了"敦煌莫高窟"，"也不知道是注定有緣還是什麼，我讀了那篇課文，就一直忘不了。"樊錦詩說。

在戈壁荒漠的漫天風沙裏，她用將近一甲子的時光將敦煌這本"書"一讀再讀，從青春少女到滿頭華髮。"敦煌是永遠讀不完的，無論你讀書萬卷還是學富五車，在敦煌面前，永遠是才疏學淺的小學生。"

這位"敦煌女兒"在這不毛之地一待就是 56 年，保護了 735 座千年洞窟，並致力於傳承敦煌文化。

金秋十月，剛剛榮獲"文物保護傑出貢獻者"國家榮譽稱號的敦煌研究院名譽院長樊錦詩來到香港，獲頒第四屆香港"呂志和獎 —— 世界文明獎"。

10 月 3 日，在香港會展中心的頒獎禮上，樊錦詩說："守護莫高窟是值得奉獻一生的高尚事業，是必然要奉獻一生的艱苦事業，也是需要一代又一代人為之奉獻的永恆事業。"

苦行者：埋首黃沙半個多世紀

眼前的樊錦詩，白色襯衣外面套著一件黑色薄毛衣，白髮皓首，氣定神閒，知性中糅合了幾分文化浸潤下的開闊氣場。坐在面朝維多利亞港的酒店窗前，81 歲的樊錦詩娓娓而談，說話時會用北方的兒化音，但仍然掩不住明顯的上海口音。

　　1963年，25歲的上海姑娘、北大學子樊錦詩奔赴西北苦寒之地，埋首黃沙，這一去就是半個多世紀。

　　莫高窟位於甘肅省最西端，氣候乾燥，黃沙漫天，冬冷夏熱。樊錦詩一天只吃兩頓，喝的是鹽鹼水，住土房、睡土炕、用土桌。"每天這裏拍拍，那裏拍拍，都是土"，她拍拍左右胳膊，比劃著當時的情景。

　　白天去洞窟，必須要爬蜈蚣梯。

　　什麼是蜈蚣梯？就是一根棍子上分出不同的短叉，通過攀爬這些短叉上下的"梯子"。"我從沒見過這樣的'梯子'，還那麼高"，81歲的樊錦詩一邊比劃一邊往腳下看，宛如當年站在梯子上那個心驚膽戰的小姑娘。

　　因為害怕，樊錦詩每天都會在身上揣幾個乾饅頭，儘量不喝水，少去廁所，以免攀上爬下。

現實生活如此艱苦，而洞窟裏卻宛若仙界。"完全是兩個世界，陶醉、震驚、震撼，反正怎麼形容都可以，簡單說就是太美了！太好看了！內容太豐富了！"

當時，一些老畫師在洞裏臨摹壁畫，洞裏沒電，他們想出個土辦法。早晨太陽從東邊出來，洞窟坐西朝東，他們就拿一面鏡子對著太陽，再拿一張白紙，靠反光來照明，就這麼在洞裏臨摹，居然臨出了許多藝術精品。

還有敦煌研究所帶頭人常書鴻、段文傑，都是當時大名鼎鼎的文物專家，卻腳蹬布鞋，穿著打扮與當地農民無異。經過他們將近 20 年的整理，在幾乎沒什麼經費的情況下，莫高窟初步有了個樣子，看起來不那麼破敗了，樊錦詩心裏很佩服他們。

從此，這位江南姑娘盡心盡力做起敦煌文化的供養者。

守護者：讓壁畫最美容顏永駐人間

1000 多年的綿長歷史，735 個洞窟、2400 多身彩塑、45000 多平方米的壁畫，莫高窟規模之宏大超乎想像。壁畫本不易保存，尤其是色彩絢麗的敦煌壁畫，極易老化褪色。隨著旅遊開發的推進，大批遊客到訪，他們每一次進洞時，空氣的流動都對壁畫造成不可逆的傷害。

"對比一百年前的壁畫，莫高窟壁畫色彩消褪、日漸模糊"，樊錦詩心裏著急。

一個偶然的機會，樊錦詩到北京出差，一位遙感測量專家給她展示了電腦裏的圖像，樊錦詩第一次知道了圖像只要數字化，就能永久保存下來。"我一聽就想，壁畫可不可以這樣做呢？"她由此產生了"數字敦煌"的大膽構想，要為莫高窟建立數字檔案，將洞窟、壁畫、彩塑，以及與敦煌相關的一切文物加工成高智能數字圖像。同時，將分散在世界各地的敦煌文獻、研究成果，以及相關資料彙集成電子檔案，使莫高窟的歷史信息得到永久保存和永續利用。

在相關部門的支持下，經過十多年的科技研發，2016 年 5 月 1 日，"數字敦煌"資源庫正式上綫，古老的敦煌通過現代科技煥發出新的生命。全球觀眾可在綫欣賞 30 個經典洞窟的高清圖像，全景漫遊這座人類文明寶庫。

千年壁畫的最美容顏，由此在人間永駐。

在敦煌研究院陳列中心展覽上，寫著這樣一句話："歷史是脆弱的，因為她被寫在了紙上，畫在了牆上；歷史又是堅強的，因為總有一批人願意守護歷史的真實，希望她永不磨滅。"

樊錦詩正是這樣癡心的守護者。

弘揚者：讓敦煌文化走向世界

樊錦詩與香港有著不解之緣。

"第一個幫助我們的是邵逸夫"。那是 20 世紀 80 年代初，邵逸夫匿名向敦煌研究院捐了 1000 萬港元。"當時我們窮到什麼程度？莫高窟連窟門都沒有，風沙直接吹進洞窟裏。"徵求邵逸夫的意見後，他們為洞窟安裝了玻璃屏風和門。

第二個是饒宗頤。他是國學泰斗，人文學識廣博，對甲骨文、考古學、歷史學、文學、敦煌學等都有深入的研究。饒老幾次去敦煌，對敦煌的歷史文化十分著迷。樊錦詩與饒老惺惺相惜，相見恨晚。後來，樊錦詩主持的 26 卷《敦煌石窟考古全集》在香港出版，饒宗頤先生對此由衷讚嘆：既真且確，精緻絕倫，敦煌學又進一境！

1987 年，樊錦詩第一次來香港。"那時候除了學術界，很少有人知道敦煌。"樊錦詩說，現在不僅很多人都知道，甚至還出現了"敦煌熱"，很多香港人為此做出了不懈努力，包括捐款、辦講座、幫著做各種文化推廣。後來香港的朋友說，乾脆成立一個組織，叫"敦煌之友"吧。

"我非常感動，他們不在這裏領取一分錢，還聘請了律師，保護我們的知

識產權。後來，更多的香港政商界人士陸續加入了團隊，在國際上推廣敦煌文化，讓更多人認識和了解敦煌。”

在敦煌文化裏浸潤愈久，樊錦詩愈發覺得這是“百科全書式的寶庫”。這些年來，樊錦詩為傳播和弘揚敦煌文化四處奔走，不僅到國內外辦展覽，還主動進學校、進社區去普及和推廣敦煌文化。

她說：“過去我們要‘進洞’保護，現在我們要‘出洞’弘揚，要讓敦煌文化走出國門，走向世界。”

對於名利得失，樊錦詩早已雲淡風輕。“要計較得失，我早就離開敦煌了。”說起呂志和獎的獎金，她說：“我對這個錢沒有別的盤算。我在想，怎麼用這筆錢去做更有意義的事情，能為這個世界的和諧與發展作貢獻。”

81 歲的老人，眼神平和堅定，如大漠般坦蕩。（新華社香港 2019 年 10 月 7 日電）

設計師葉錦添講述奧運"龍服"故事

陸敏　韋驊

看奧運比賽的時候,葉錦添一直很緊張。為比賽的精彩,為中國隊的戰績,也為賽後中國運動員身著的領獎服。

作為一名視覺藝術家,葉錦添憑藉《臥虎藏龍》斬獲奧斯卡金像獎最佳藝術指導,在多個藝術門類頗有建樹,頭銜眾多。但這一次,他的頭銜是2020東京奧運會中國體育代表團領獎服設計師。

三年磨一劍。他設計的領獎服,被中國觀眾譽為"龍服"。

當本屆奧運會第一位金牌得主楊倩穿著"龍服"登上領獎台,網友們的讚美瞬間刷屏。此後,領獎台成了多國領獎服競相展示的"T台","龍服"一次次閃亮登場。紅白相間,看上去"非常突出,又非常簡單",這是葉錦添想要的感覺。

"她那麼小,穿上還蠻好看的。"看到14歲的小選手全紅嬋穿上"龍服",葉錦添說。

傳達意蘊之美

"奧運是無國界的人類盛會,中國應該如何表達自己?"三年多前,帶著這樣一個設問,葉錦添接受了安踏集團的邀請,開啟了領獎服的設計之路。

設計方向上,他設想過多種可能性。既然是體育運動服,它就一定與身體產生關聯,要反映服裝與身體的物理關係。"但是我覺得,中國不一樣的東西,就是要在這些物理關係之上有精神層面的參與。"他說。

　　就像中國功夫，"中國功夫不光是打鬥，還講武德，講俠義精神。" 葉錦添說。

　　在對多國奧運服裝的樣式、圖案、顏色等進行深入研究之後，葉錦添明確了自己的設計方向：要表達中國的感覺，體現當下中國人的氣度、包容度、體育精神等精神要素，"更多地傳達一種意蘊之美。"

　　此次設計的中式唐裝圓立領，領部綫條一直延伸至丹田，象徵著中國功夫中的 "氣沉丹田"；大面積的純白，使紅色點綴顯得非常強烈，體現了中國智慧裏的 "留白"；而整體造型是一個身體往上提升的狀態，"你看到白色為主，上寬下窄，這樣腿會顯得修長，腰綫收攏了，就更強調肩膀的綫條，氣度宏大，並且很有力量感。"

　　葉錦添從事舞台造型設計多年，對人體綫條和服裝與人體的關係非常熟悉，但這一次，"龍服" 是做給很多不同身體特徵的人，其中還牽涉到運動服裝新科技和新材料的應用，難度不小。"最重要的一點，要適合每個人穿。"

　　物理關係和精神要素交融，功能性與從容度兼顧，構成了 "龍服" 的整體美學，體現出飛升的狀態。他希望運動員穿了，"非常舒服又非常自信。"

　　在看到運動員穿 "龍服" 之前，葉錦添心裏一直很緊張，"想看到他們真

● （上）葉錦添在設計 “龍服” 草圖 _{受訪者 供圖}
● （下）葉錦添在打磨 “龍服” 設計細節 _{受訪者 供圖}

正穿上的感覺是什麼樣，那個時候我還在想，有沒有要改進的地方。"

當越來越多中國運動員登上了領獎台，葉錦添一次次觀察 "龍服" 的視覺效果，確認是自己想要的，"能感覺到那種旺盛的、提升的力量，所以我覺得還不錯。"

瘋狂迷戀梅蘭芳的少年

生活中的葉錦添總是一襲黑衣、一頂黑帽。難以想像，他在作品中打造的視覺盛宴卻是那麼豐美多姿。

《臥虎藏龍》、《大明宮詞》、《赤壁》……他參與過的作品，定格任意一幀畫面，都意隨境遷，飽含東方意蘊。

20 世紀 80 年代，"當時的香港，西方文化才是主流，對傳統文化的了解幾乎是空白。" 為什麼新的、好的都是西方的？不服氣的少年葉錦添從找原因開始，主動去探究東西方文化，覺得 "總有一天，會比他們做得還好"。

他喜歡歐洲大膽前衛的藝術，但當他遇到了京劇和梅蘭芳，立刻被那種 "很酷，又很中國" 的東西迷住了。"我那個時候很瘋狂的，跟朋友找遍了圖書館、書店、書攤，滿世界找所有關於 '四大名旦' 的內容。一本書上能有一兩頁介紹他們的，我們都興奮得不得了。"

葉錦添走得越遠越接近初心。遊歷世界其他文化，跟很多國際一流藝術家交流合作，反倒讓他對中國文化的領悟越來越深。"那些意在言外的東西，是最吸引我的。" 他說。

在葉錦添看來，中國文化有一種內在的無形力量，在藝術創作上，它會變成無限的可能，讓創作源源不斷，"我從中得到非常多的滋養，而且越來越多。"

說到文化傳承，葉錦添認為，除了介紹傳統文化，更需要一批優秀創作人去做出好作品給年輕人看，讓他們知道中國也有很多很酷很棒的作品。就像東京奧運會上中國運動員的精彩表現，讓世人折服，也讓中國人油然而生自豪感。

講好自己的故事

在葉錦添的藝術創作裏，"怎麼講好自己的故事"一直是他思考的命題。"我希望我們能強起來，能表達我們自己。"他說。

他舉例，比如《臥虎藏龍》，西方人認為人飛上天是不可能的，男女主角的感情故事如此欲言又止，他們的文化裏面也沒有。但當整個戲的風格、語言、講述方式同時呈現的時候，他們就能懂，能夠接收到你要表達的東西。"要跟他們溝通，就要找到這個點。"

在葉錦添看來，世界潮流一直在變，但藝術家一定要保持定力，"我們有一批人想做點什麼，就為了那個'不變'的東西。"

設計"龍服"其實也是在向世界講述中國故事。"把它做得既科學也人文，希望可以達到大家認為能留下來的感覺。"葉錦添說，"更多的人相信我，我會做更多東西出來。"

這次奧運，葉錦添看了不少比賽，在比賽中中國隊隊員處於高度專注的狀態，體能與技術把握得那麼好，"那種精雕細琢的感覺，非常精彩"。

他帶著藝術創作者的視角去觀察人的狀態，比如看跳水，就那麼一下，運動員的天賦、努力、成敗都在其中，美感妙不可言，"這與藝術是相通的，只不過我們把時間拉長，他們展現的就是當下"。

他對全紅嬋跳水印象尤深，"其中有個場景，就是她人倒過來對著鏡頭，然後鏡頭再慢慢推上去，它傳達的內涵已超出了跳水本身，在那一瞬間，表演者與觀眾的精神是一體的。"

在這些精彩瞬間，葉錦添內心充滿感動。他覺得，作為觀眾的他與國家榮譽也產生了一種共同聯結。（新華社香港 2021 年 8 月 22 日電）

微縮模型手藝人：
寫給香港的情書

洪雪華　姚蘭

　　3 年前，香港微縮模型手藝人黎熾明遇到一件糟糕的事情。從香港空運到日本大阪的一件微縮模型碎了一半，那是他用兩三個月的時間精心製作的。

　　距開展僅剩數日。"開箱時，我心都碎了。"這個安靜靦腆的中年男子激動地回憶道。幸運的是，一起參加展覽的手藝人們伸出援手，幫忙"搶救"那件微縮模型。最終，它驚豔地亮相了。

　　後來每次參展，只要用貨車運送，黎熾明必定跟車，保證作品安全抵達。像他這樣的全職手藝人，香港只有不到 20 位。

　　他和搭檔陳慧姬入行 10 多年，製作出不少有香港特色的微縮模型：大坑舞火龍、荔園、涼茶鋪、摩星嶺木屋村……

兩位手藝人的兩次"相遇"

　　採訪當天，陳慧姬化了精緻的妝容，她的眼睛很大，但左眼有白內障，主要靠右眼的視力製作微縮模型。黎熾明則穿著樸素，右手食指上有一個創可貼，藏住了被美工刀劃到的傷口。

　　兩位手藝人的相識源於一封電子郵件。

　　2007 年，在香港微型藝術會工作的陳慧姬在網站上看到一個帶有旋轉樓梯的建築模型，模型製作者是黎熾明。正逢香港微型藝術會籌辦微縮模型展覽，陳慧姬隨即發電子郵件給黎熾明，邀他參展。

　　黎熾明接受了邀請。他已從事建築模型行業 10 餘年，卻是第一次接觸微

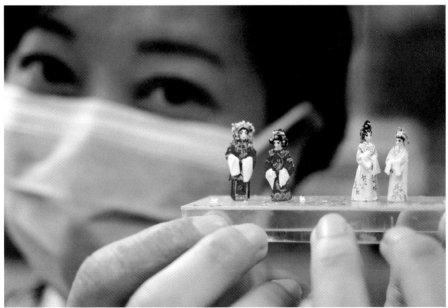

縮模型。與一般建築模型不同，微縮模型更重視作品細節。白天他忙於本職工作，晚上便在公司工廠裏趕製作品。

兩個月內，黎熾明用膠板等材料製作出第一件微縮模型"和昌大押"，如期交給陳慧姬。"和昌大押"的原型唐樓建築位於香港灣仔，已有超過 100 年歷史。

陳慧姬更早入行。2003 年，從事會計工作的她已是一名兼職微縮模型手藝人，忙於開班教學。2017 年，兩人再次相遇，決定合辦工作室。

工作室成立初期資金不足，他們咬牙賣掉了 10 件微縮模型。為了維持日常開支，他們一邊教學一邊製作新作品。

二人分工明確。黎熾明負責微縮模型中的建築及能動的東西，如轉動的風扇、閃爍的霓虹燈、播放音樂的電視機等。陳慧姬擅長製作食物、店鋪、攤位等細節，用黏土製作出逼真的微縮食物模型，有半透明的魚翅、金黃的菠蘿包等。

剛入行時，同一件微縮模型，陳慧姬要製作五六遍才滿意，技術嫻熟後只需兩三遍。模型的微縮比例依展覽或客戶要求而定，最小的食物模型僅有指甲般大小，最大的微縮模型有數米高。

據介紹，微縮模型始於 18 世紀初，源於歐洲，後漸為各國貴族喜愛。香港微縮模型藝術吸收了本地特色，更貼近市民生活。

入行需要天分，更需後天努力，香港微縮模型手藝人們大多靠自學。"我們很幸運把興趣作為職業，會珍惜這份工作。"

與時間賽跑

黎熾明和著名演員劉德華面對面交談過 4 次。劉德華找他定做 5 件大型微縮模型，有 4.5 米高的中環國際金融中心大樓、6 米長的青馬大橋。

回顧十幾年的手藝人生涯，他們會用一個字來形容 —— 趕。

今年 2 月，"惜於微時 —— 香港故事縮影展"在尖沙咀 1881 公館舉行，

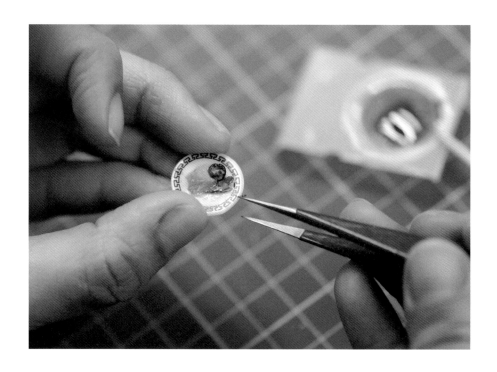

　　兩人製作的 21 件微縮模型展出，其中 9 件作品是在 2 個月內趕出來的。還有一次，一位展覽負責人要求 5 天內交作品，黎熾明在工作室裏擺了一張摺疊床，最辛苦時，每天只能睡一兩個小時。

　　工作室位於九龍一棟工業大廈的二樓，約有 100 平方米，每月租金 1.1 萬港元。推開大門，微縮模型佔了工作室一半空間，一張 2 米多長的工作台擺放在右側。左側角落，幾件微縮模型後面，是黎熾明的辦公桌。

　　現實不允許他們慢下來。黎熾明和陳慧姬商量，製作出三四件相同的作品，借出展覽或者賣掉幾個，可以獲得收入。

　　黎熾明決定做第三件"和昌大押"微縮模型，前兩件已賣出。他還有三樣作品——冰室、涼茶鋪、髮廊，每樣作品大概有相同的 5 件。陳慧姬一般會製作 15 件同樣的微縮食物模型，最小的微縮模型也需要花費兩三個小時。

　　其實，手藝人們不喜歡做同樣的作品，但這種複製是為了生活。

　　疫情期間，香港特區政府推出多輪"保就業"計劃，接受僱主和自僱人士申請。黎熾明和陳慧姬的工作室申請過兩次，用於支付房租和日常開銷。

寫給香港的情書

　　每天早上 7 點公共廚房開門，負責一家人飯菜的媽媽們便衝出房門，搶佔廚房的一席之地，她們一邊烹飪一邊聊家常。這是 20 世紀五六十年代香港最早一批公屋 ——"七層公屋"裏的生活場景。

　　黎熾明的童年就在這樣的環境中度過。住在同一層樓的孩子們到處串門，有人在家裏大叫一聲，熱情的鄰居會結伴跑去探望。後來，公屋拆掉了，全家人從筲箕灣搬到銅鑼灣，卻見不到那樣的畫面了。

　　他製作過一件地下城的微縮模型，作品靈感來源於"七層公屋"。幼時父親經常帶黎熾明去摩星嶺木屋村。父親已去世兩年多，摩星嶺木屋村也已不復存在，他用微縮模型將之還原出來。

　　兩年前，因兒時家境普通而少去遊樂場的黎熾明，製作了一件微縮模型"童夢中的遊樂場"。通電後，"遊樂場"內燈光閃爍，摩天輪和旋轉木馬轉動了。

　　對香港的記憶，都隱藏在這些微縮模型中。黎熾明和陳慧姬的微縮模型大部分與香港有關，有冰室、髮廊、戲院等。他們覺得這樣市民才有認同感。

　　老人是微縮模型展覽的常客，還有老人坐著輪椅，拄著拐杖來看展。他們停留在一件件微縮模型前，欣喜地說：“這就是我們以前生活過的地方！”

　　“趁著現在還有能力，儘量多做點，多保留點回憶。”黎熾明指著頭頂的白髮說。也許等到視力模糊、雙手顫抖的那一天，他們才會離開這一行吧。

　　工作壓力大時，黎熾明會拿上幾瓶啤酒，跑到工業大廈的天台，站在天台上俯瞰城市，觀察著每一處細節，就像看著那些心愛的微縮模型一樣。（新華社香港 2020 年 12 月 27 日電）

旗袍在香港的那些事兒

洪雪華　姚蘭

幾年前，有 400 多名香港女人穿上旗袍一同參加了一場音樂會。

每個人的旗袍款式各異，面料有絲綢、羊絨、真絲等，盤扣有細有粗，開襟有斜有直，開衩有高有低。有人手持團扇，有人肩披紗巾，女人們用好奇、驚喜的眼神打量著彼此。

"為喜歡穿旗袍的人提供一個展現美的平台。""旗袍發燒友"胡玉貞參與策劃了這場活動。六年前，她在香港創辦金枝玉葉旗袍會，主要組織旗袍宣傳活動，會員最初不足 10 人，如今已超過百人。

胡玉貞在活動邀請函中寫道：必須穿旗袍出席。她一年 365 天裏，穿旗袍的日子超過 300 天。

香港還有不少人跟胡玉貞一樣喜歡穿旗袍。現代旗袍形成於 20 世紀 20 年代的上海，至今已有近百年歷史。2021 年，香港中式長衫製作技藝被列入第五批國家級非物質文化遺產代表性項目名錄，旗袍重新吸引大眾目光。

"穿上旗袍後，整個人都不一樣了！"

胡玉貞去過一個旗袍博物館。"湊近仔細看，旗袍上的一朵朵花都是用紅色珊瑚石繡上去的，簡直太美了。"足足一下午，她徘徊在展櫃前。

為什麼喜歡穿旗袍？胡玉貞回答："穿上旗袍後，整個人都不一樣了！旗袍就像是一種約束，我會特別留意言行舉止。"

採訪當天，她精心打扮了一番：一身墨綠色印花旗袍，右側盤扣上掛著小玉珮，一雙黑色圓頭高跟鞋，絲綢口罩上還有繡花。

胡玉貞想讓更多香港人喜歡穿旗袍：她在養老院組織旗袍活動，讓 60 位

● "80 後" 旗袍設計師余嬨設計的 "十全十美青花蝴蝶牡丹旗袍" 在香港會展中心展示　受訪者 供圖

65 歲以上的老人穿上旗袍，拍攝美照；她參與策劃活動 "愛在黑暗中找美"，邀請香港旗袍設計師余嬋為 6 位盲人女性量身設計旗袍，幫助她們找回自信……

現代旗袍融合了中西方文化審美，最初風靡於上海，而後傳到香港、台灣等地，在兩岸及港澳地區落地生根，其承載的美也成為一種共識。

20 世紀六七十年代，旗袍在香港迎來發展時期，香港人習慣稱之為長衫。有女白領和教師穿著素色旗袍上班；喜慶場合有女性身穿華麗旗袍；還有學校以藍色、白色旗袍作為女學生校服，當前仍有十幾所學校延續此傳統。

旗袍老裁縫的 "高光時刻"

胡玉貞整理了一份 "旗袍大師資料"，介紹香港現存 6 位旗袍裁縫師的祖籍、入行時間、資歷、年齡、代表作品、手藝傳承、工作室等信息。

這其中，就有 89 歲的梁朗光，他曾為電影《花樣年華》製作旗袍。

梁朗光為演員張曼玉做旗袍是機緣巧合。

電影《花樣年華》將淡色、深色、鮮豔等不同風格的旗袍融入鏡頭語言，反映女主角蘇麗珍的心路歷程。

開拍前，擔任服裝及美術指導的香港著名設計師張叔平經引薦，找到了梁朗光。兩人達成共識，旗袍由張叔平設計，梁朗光製作。

張曼玉忙於拍戲，梁朗光在片場為她量身，還要做紙樣、裁布、包邊、夾裏、緄邊等，每道工序都不敢馬虎。歷時兩年，梁朗光製作了 30 多件旗袍，電影中展示了 20 餘件。

2000 年電影上映後，有觀眾評價：“這是一部旗袍電影！”他因此名聲漸起，顧客聞風而至，訂單接踵而來，迎來職業生涯的“高光時刻”。

“張曼玉穿得非常自然！”這位老裁縫說，合身的旗袍就是最好的旗袍。

梁朗光十三四歲從廣東佛山來到香港，最初在中環一間裁縫鋪裏當學徒，苦心學藝方可出師謀生。後來，他辦起工作坊，最多時有十多位裁縫作為幫手。工作坊內燈光時常亮至深夜，裁縫們手中的銀針在布料間穿梭遊走，兩三天便能做出一件旗袍。

到了 21 世紀，旗袍的火熱時代漸漸過去。梁朗光關閉了運作多年的工作坊，輾轉搬到位於觀塘一棟工業大廈的工作室，不足 40 平方米。

工作室的牆上掛著七八張照片，有梁朗光和張曼玉、鞏俐的合照。約一米長的工作台上放著軟尺、剪刀、紙片、布料、熨斗等，老式縫紉機緊挨著工作台。

60 多年，上萬件旗袍。如今，這位年近九旬的老裁縫一個星期工作六天，每天早上 10 點開始，下午 5 點離開，每個月只做兩三件旗袍。

訂單冊裏也有內地顧客的尺碼，因為新冠肺炎疫情，這樣的訂單基本沒有了。為了防止忘記重要信息，他會在訂單頁畫上旗袍草圖，貼上相應的布條。

為什麼堅持做旗袍？在女兒梁媛雯看來，旗袍曾為父親帶來名譽和收入，如今是他老年生活裏的一種陪伴和寄託。“他真的很喜歡這份工作。”

把中國傳統文化縫進旗袍裏

　　旗袍的世界裏，有老裁縫們的堅守，也有年輕設計師的探索和創新。

　　"80 後"的余嬅曾為三個年輕的香港姑娘設計旗袍，姑娘們穿著旗袍跳起了街舞。在她的設計理念裏，傳統與現代的風格融合十分吸引人。

　　余嬅有一件得意作品——"十全十美青花蝴蝶牡丹旗袍"。她手繪青花瓷藍色的十隻蝴蝶和十朵牡丹，利用數碼印花技術，將圖案點綴在金黃色旗袍上。

　　她翻閱古籍，奔走於各類文化講座，以此尋找靈感。"服裝設計需要把深厚的中國傳統文化視覺化，不能停於表面。" 她用寓意吉祥的 "石上大雞" 設計了一件無袖旗袍，也將梅花、茉莉等常見元素縫進旗袍裏。

　　位於佐敦的裕華國貨內，余嬅租了一個店面，疫情前的正常年份，一年可以賣出 100 多件旗袍。五年前，她創建了主打旗袍的服裝品牌，大部分旗袍在香港設計，在杭州或深圳等內地城市製作。

從香港理工大學設計學院紡織及製衣學系畢業後，余嬅主要為各大商業機構設計制服。為了提高旗袍製作手藝，她想找梁朗光拜師。

因年事已高、精力有限，梁朗光婉拒了余嬅。

而另一位經驗豐富的旗袍裁縫師秦長林則忙於收徒授課，希望藉此傳承旗袍文化。為了專注教學，他每次只收 4 名學生。

"只要他們用心學，我全部教給他們。"秦長林還參與了香港非物質文化遺產辦事處與香港高等教育科技學院共同舉辦的"香港中式長衫製作技藝傳承計劃"，更多年輕人聞訊趕來。

儘管不再是香港人的主要日常服飾，但這些熱愛和守護旗袍的人相信，承載中國傳統文化元素的旗袍只要存在一天，一定還有人穿。美是永恆的。

（新華社香港 2021 年 10 月 3 日電）

國貨老店：
留時光之痕　尋文化之根

陸敏　白旭　姚遠

　　九龍彌敦道，香港最繁華的商業街道之一。鱗次櫛比的高樓大廈裏，展示著各種各樣的國際大牌商品。矗立在鬧市街口的一個紅底金字的大型招牌——裕華國貨，格外引人矚目。

　　走進這家七層樓的商場，你可以找到浙江的毛筆、安徽的宣紙、江西的瓷器、天津的手錶等來自內地的各種名優特產。在這裏，你可以到店裏開設的課堂跟老師學習潑墨，也能在茶藝廳品上一杯來自雲南的陳年普洱，還可以找老師傅定製一件正宗的海派旗袍。

　　在國際大牌遍佈、市場競爭激烈的香港，一家國貨店歷經 60 年而不衰，不僅在本港開了 12 家店鋪，還在海外開了 4 家分店。

　　剛剛應邀到北京參加國慶 70 週年觀禮回來的裕華國貨董事長余國春說：“國貨是中國經濟發展的一個縮影，不僅見證著時代的變遷、國力的強盛，更越來越成為文化的承載。”

時光留痕：特色國貨的“博物館”

　　60 年前，裕華第一家店鋪在中環開張。這是一個 200 平方米的雜貨店，主營來自內地的日常生活必需品。

　　“爺爺想在香港找一個地方把中國的優質產品賣到海外，開拓國家的外貿渠道，為國家多掙外匯。”身為余家第三代的裕華國貨董事總監余偉傑說，“裕華這個名字就是‘富裕中華’的意思，希望能夠通過經營國貨，幫助國家富裕

起來。”

　　1959 年，余國春的父親余連慶以印尼僑領身份，應邀前往北京參加國慶觀禮，由此萌生了經營國貨的想法。

　　當年做到這一點並非易事。裕華的經營模式主要是從內地進口貨品，在香港銷售，由於那時候實行配額制度，產品種類和結構都比較單一，而且進貨時間比較長，有時甚至需要提前兩三年下訂單。

　　“現在就快得多了，從網上訂貨到收貨只要兩三個月，如果品牌在香港有代理的話，當天就可以拿貨。”余偉傑說。

　　當初裕華經營的商品不到一萬個品種，而今，裕華僅總店面積就超過9000 平方米，商品品種多達十幾萬個。走進裕華國貨，如同走進了特色國貨的時光博物館，從各地土特產、抽紗刺繡，到文房四寶、手錶玉石，甚至中式家具，應有盡有。

文化尋根：找到回家的感覺

　　在五層的旗袍定製區，70 多歲的關師傅一頭銀髮，脖子上掛著皮尺，正在製作一件粉底白花的無袖旗袍。“我已經在這裏幹了快 50 年啦。”關師傅在

一絲不苟地畫著圖樣，老式的貨架上是一卷卷琳琅滿目的綢緞。

"越來越多的人對有文化底蘊的東西開始感興趣，具有東方文化魅力的國貨也越來越受到歡迎。"余偉傑說。有一次，韓國藝人全智賢悄悄來到裕華國貨，買了一枚中國印章。直到媒體報道出來，店裏才知道。

為推廣中華文化，裕華國貨請來專業團隊訪問中醫大師、旗袍大師、金庸小說的插畫師等，對相關內容進行講解和鑒賞，並製成宣傳片加以傳播。

"以前的顧客主要是本地人和海外華僑，現在有很多不同膚色的外國客人慕名而來。"余偉傑說，"國貨對他們來說是中國文化的一個代表。"這些顧客來自全球各地，他們喜愛瓷器、絲綢、中藥材這些接近自然、蘊涵東方智慧的商品。

"國貨最大特點就是，中國人在這裏能找到文化的根，找到回家的感覺、記憶裏熟悉的味道。"余偉傑說。

裕華國貨在新加坡開的分店已經營 20 多年，很多老顧客都是從內地或香港移民過去的中國同胞，他們到裕華買各地食品和各種醬料，買的正是那"熟悉的味道"。

"國貨就像一碗媽媽煲的湯，你一定忘不了、放不下。"余偉傑說，"過去是向'西'看，現在大家開始向'東'看。國家富強不光是經濟上，也體現在文化和軟實力上，國貨可以擔當這個角色，成為文化的載體。"

創新求變：打造全球最受歡迎的中式生活館

隨著新零售時代的到來，消費習慣和模式已經悄然改變，為了吸引年輕消費群體的關注，裕華國貨積極轉型，將品牌年輕化，同時開拓網上銷售，目標是打造全球最受歡迎的中式生活館。

在三層服裝區，記者看到一款改良過的旗袍，乍一看是傳統款式，圖案卻是撞色的拼搭，在拼接處還鑲了一道紅色的荷葉花邊。

"我們找了六位年輕的設計師合作，要求設計作品有中國元素，我們提供地方展示和推廣他們的服裝作品。" 余偉傑說。有意思的是，不少年輕顧客一開始是被時尚的設計吸引來店，對比之下，最後反而會選擇經典的傳統款式。

為了培養年輕顧客，他們專門開發了一個品牌"喜裕"，為新人做新婚服務。"我們把中國結婚禮儀所需要的所有產品安排好，提供一站式的服務。" 余偉傑說。

在商場的五層，細心的顧客會看到一個可愛的"熊貓之家"：留鬍子打領帶的熊貓爸爸、穿旗袍戴項鏈的熊貓媽媽、穿學生裝戴棒球帽的熊貓哥哥以及頭頂小蝴蝶結合著奶嘴的熊貓小妹妹。"我們是家族企業，所以設計了一個熊貓家庭做裕華的吉祥物。" 余偉傑告訴記者。

他們開發製作了包括公仔、茶杯、日用品等一系列文創產品，還每週在社交媒體上更新熊貓的故事，讓它們來幫忙推廣中國文化。

記者採訪當日，裕華正在舉辦"中華國錶展"。"很多老顧客專門來觀展，回憶起他們以前用票換錶的往事，也來看看如今能登上太空的錶是什麼樣子。" 余偉傑指著一款在今年中國航天日期間發佈的國產新錶，錶底是"天宮一號"。

"從中國製造到中國創造，國貨在全世界越來越有影響力。我相信，隨著中國經濟的騰飛，國貨的黃金時代剛剛開始。" 余偉傑笑著說。（新華社香港2019 年 10 月 13 日電）

華哥：書寫香港半生緣

張玥　萬後德

如果你來過香港，一定記得街頭店鋪那些漂亮的手寫招牌；即使沒來過，也一定看過香港電影，《少林寺》、《食神》、《葉問前傳》、《一念無明》……近百部電影片名，與街頭眾多手寫牌匾，均出自一人之手。別人稱他為"書法大師"，他卻說"叫我華哥就好"。

華哥，本名馮兆華，筆名華戈。20世紀80年代以來，華哥已為無數街頭牌匾和近百部電影題寫片名。每一幅作品，他都是用心書寫。

從寫招牌到題片名

"金虎迎春"、"現世安穩"、"歲月靜好"……春節臨近，香港旺角砵蘭街上，人們簇擁著一個檔口，爭相尋求揮春（即春聯）墨寶，討個新春好彩頭。人群中隱約透出檔口招牌上的幾個字——"華戈書法"。

"慢慢來，慢慢來。"一個戴著套袖，笑容可掬的老人應接不暇。42年來，華哥每年春節都在這裏為街坊朋友們寫揮春。

今年74歲的華哥是廣東順德人。從小在父輩的熏陶下對書法產生興趣，寫得一手好字。1979年華哥來到香港打工，成了一名電器工人。他沒想過對書寫的熱愛與堅持會帶給他人生的轉折。

1980年，華哥的書法作品在香港青年學藝比賽中獲得優異獎。獲獎後，很多人開始找華哥寫字，大到店鋪、大廈外牆的招牌，小到百貨公司"大減價"的海報。後來華哥租下砵蘭街的一個檔口，專營寫字生意。

"那時候電腦還沒有普及，所以各個地方都需要畫畫和寫字。以前香港很多招牌掛在空中，我要扛著梯子爬上爬下去寫。"砵蘭街鱗次櫛比的招牌大多出自華哥之手，這項"副業"幫他增加了收入，也讓他與電影結緣。

20世紀80年代，很多演員會來旺角一帶體驗生活，學習模仿。得此機

會，華哥結識了很多美術指導、執行導演，並開始在片場的道具上寫字。

寫得多了，大家都覺得華哥的字很有特色——靈動沉穩又多變，不拘泥於傳統筆法，還略帶藝術感設計，於是有人邀請華哥題寫電影片名。

"我的電影名字不是隨便寫的。導演跟我講述劇情和主演，我就把這個感覺寫出來。每一個電影感覺都不一樣。同樣的字，我現在寫的跟下一分鐘寫的也不一樣。" 華哥說，每位導演的性格不同，合作、磨合方式也有所區別。

王家衛導演的電影《2046》在澳門拍攝時，邀請華哥去寫字。有一場戲是主角走在古裝街上，街頭各色招牌都需要華哥現場題寫。

"同樣的字，左邊寫一遍，他又會覺得寫在右邊拍出來效果也許更好，就這樣反覆地寫。不是我寫得不好，是他追求極致。" 此後，華哥與王家衛還有過多次合作。

從熱愛到傳承

"中國書法文化博大精深，比如 '虎' 字，寫法千變萬化。" 華哥氣定神閒地拿起筆，一邊揮灑自如地演示著篆書、隸書、草書、楷書等不同寫法，一邊介紹虎字的演變。最後，一個迎春金虎躍然紙上，猶如虎踞壁上，盡顯王者風範。

"這個 '虎' 全國找不出第二個，電腦也設計不出來。" 華哥笑言。

華哥的書法幾乎是自學成才。"古人是最好的老師。我喜歡看不同門派的

字，收集一些好的元素，積累、吸收、醞釀、消化。"

隨著電腦和數碼產品的普及，人們寫字越來越少。旺角街頭華哥曾題寫的招牌多已換作電腦打印，華哥說這是正常的新陳代謝。

"我熱愛書法，也希望有更多人來傳承這種傳統文化。"在華哥心裏，書法是一種文化，是有生命的，無法被取代。

"華哥的作品，尤其是題寫的招牌和影視片名，有很強的藝術性和視覺衝擊力。"華哥的好友、香港書法家協會副主席梁君度評價華哥的字，不拘泥於傳統書法的美感，根據自己的理解二度創作，更像是"畫字"。

2013年，華哥成立了"香港華戈書道學會"，希望聯絡各界書法愛好者，交流切磋、以藝會友，弘揚中國書法等傳統精粹。

多年前，一對姐妹看到櫥窗裏華哥寫的一副對聯，便懇求老闆帶她們找到寫對聯的人拜師。華哥認為自己水平還不夠，不敢收學生。但姐妹倆反覆上門求教，終於打動了華哥。

"她們家原來經營一個小店，父親很喜歡書法，賬本都寫得工整漂亮。父親去世後，姐妹倆很想念父親，便想學書法，好好寫字以表懷念。"華哥說，很意外自己的字受到年輕人喜愛，願意傾囊相授。

從那以後，華哥陸續收了一千多名學生，從小學生到電影編劇，從醫生到商人。教學十幾年來，很多導演邀請他去外地題字，他都婉言謝絕了，因為他要給學生上課。

從"大師"到老師

朱培德在香港經營生意，工作之餘最大的興趣就是看電影。"有朋友說認識一位為電影片頭題字的大師，問我想不想學習。"朱培德聽後欣喜若狂，催著朋友帶他前去拜師。

"我完全沒有書法基礎，工作也很忙，沒想到大師的課程安排這麼靈活。"朱培德說，每週兩次的書法課是他最享受的。就算工作再忙，他都會抽時間來"靜靜心"。

"我不是什麼書法大師，但我希望把這種文化傳承下去，最好能吸引年輕人喜歡。"華哥在學生的幫助下開設了社交媒體賬號，堅持每天更新，將自己寫的字"曬"出來。

華哥的粉絲中，"90 後"居多。

1997 年出生的莊嘉欣從小學習國畫，對傳統文化很是熱愛。大學畢業後，她回到香港一邊找工作，一邊想學點什麼豐富自己。無意中在社交媒體上看到了華哥的字，便結下了師徒緣分。

"老師的字變化很多，可以看起來很溫柔，也可以很豪邁。跟老師的人很像。"莊嘉欣說。

華哥筆法獨特，教學也很獨特。

"老師不會一開始就要你跟帖臨摹，他會讓你自己想寫什麼就寫什麼，教你如何去理解書法。"莊嘉欣說。

有一次，華哥教莊嘉欣寫"惡"字，在解構字體時，老師說惡人的"心"沒有那麼大，要寫小一點。"我很喜歡老師這種形象化的教法，讓我印象深刻。"

"可能只有我這樣教學生，你想什麼時候來就什麼時候來，開心就來，不開心也可以不來。"華哥常說，興趣是最好的老師，年輕人只有喜歡上這種傳統文化，才會想去學習和傳承。

"很多人喜歡模仿我的字。但我說，無論是臨帖還是拜師，不要完全照搬，像與不像之間就最好。"華哥教學時允許學生們隨便拍照，有問題隨時提問，"我願意讓徒弟高過師父"。

"我的很多學生現在都變成了老師，教更多的學生。"華哥說。（新華社香港 2022 年 1 月 30 日電）

香港老人許耀賜：畢生推廣普通話

陸敏

　　從 19 歲開始學習普通話，69 歲的香港人許耀賜已經與普通話結緣半個世紀。

　　這半個世紀中，他學普通話、教普通話、成立香港第一個致力於推廣普通話的民間社團、倡議創辦香港第一家普通話小學……

　　從青澀學子到花甲老人，推廣普通話成了許耀賜畢生的事業。投入最早，堅持最久，迄今仍奔走在"推普"之路上。

　　曾經有人問他，為什麼要學普通話？

　　"身為中國人，學習普通話，天經地義！"他不假思索地回答。

　　走在今天的香港街頭，人們發現，會說普通話的人越來越多了。作為推動者，許耀賜難掩欣慰："語言是植根於民族靈魂和血脈間的文化符號，對於培育家國認同、弘揚中華文化，意義重大。今天的香港人，更應學好普通話。"

創辦全港第一個"推普"社團

　　"上世紀 70 年代香港不少年輕人都心繫祖國。"許耀賜回憶說，"當時我們的口號是——認識國家，關心社會。"

　　懷揣一份認識祖國的嚮往與迫切，1970 年，19 歲的許耀賜剛考完大學，趁著暑假在夜校開始學習普通話。次年，香港大學學生會在校內辦起了第一個普通話班，因為會說一點普通話，此時在香港大學理學院大二就讀的他就被找去幫忙擔任普通話老師，由此成為在校園推廣普通話的積極分子。

　　大學畢業那年，香港英華書院想招聘一位能教數學物理、最好還能教普通話的老師。"這個職位像是為我量身定做的"，他一投即中。從此，在他長達 35 年的教育生涯中，無論當教師還是當校長，他都身體力行地推廣普通話。課餘時間，他還應教育主管部門之邀，義務培訓普通話教師長達 10 年。

　　在不遺餘力的 "推普" 過程中，許耀賜結識了一群志同道合的夥伴。1976 年，他與幾位同道中人聯手，創辦民間團體 —— 香港普通話研習社，一辦就是 40 多年，創造了香港民間力量推廣普通話的歷史。

　　推廣普通話，最直接的辦法就是開班授課。"1975 年 10 月，我們在籌備階段開了第一個培訓班。"許耀賜記憶猶新。迄今，香港普通話研習社已推出了 2 萬多個培訓班，培訓超過 40 萬人（次）。

　　研習社目前在九龍一幢寫字樓的五層辦公，不大的地方還專門闢出兩間用作教室。記者看到，牆上懸掛著 "天下華人是一家，人人都說普通話" 的字幅，分外醒目。"這是我們的辦社宗旨。" 許耀賜說，在研習社每一位成員心中，都有一種深深的中華情結，大家為著同一個目標走到了一起，矢志不渝地將 "推普" 視為自己的使命和擔當。

演話劇學普通話，最愛唱《我的祖國》

普通話要"學"，更要"用"。為了學好普通話，他們經常在一起舉辦普通話聚會，聚會時演戲、唱歌、聽講座等，頗為熱鬧。

許耀賜認為，演話劇是學普通話的一個好方式，因為需要把劇本內容背熟，還要聲情並茂地把它演繹出來，"這是一種很好的語言訓練"。許耀賜記得當時他們演了一個諜戰話劇《野玫瑰》，他擔任男主角，讓他至今難忘。

"唱普通話歌曲也很有效啊。"許耀賜興致勃勃地給記者找出一本微微泛黃、已快散頁的普通話歌本。"我們最愛唱的歌曲是這首。"他翻到《我的祖國》，情不自禁地哼唱起"一條大河波浪寬……"

研習社專門成立了"普通話活動中心"，以興趣為先導，成立合唱團、朗誦組、樂韻組等多個小組，課餘定期舉行朗誦、演講、唱歌等豐富多彩的活動。而在課堂上，學員間彼此交流必須說普通話，一旦違規還要乖乖交上象徵性的"罰款"。

從 1978 年成功主辦第一屆香港普通話朗誦比賽開始，香港普通話研習社先後出版香港唯一的一份"推普"報紙《香港漢語拼音報》和"推普"雜誌《普通話季刊》；1989 年主辦全港大型推普活動"推普節"；2001 年舉辦香港第一屆"普通話日"；2003 年聯合舉辦"普通話嘉年華"；2006 年起，連續 14 年舉辦全港幼兒園及小學普通話比賽……

數十年如一日的堅持，收穫碩果纍纍。

倡議創辦普通話小學，"推普"延至基礎教育

1994 年起，許耀賜就任景嶺書院校長，嘗試著把普通話推廣延伸到教學中，進行了一場在當時頗具創見性的教育實驗。

他和任課老師一起備課，用普通話來教中國語文，同時帶頭在校園中講普通話。"當時，我用普通話主持每天的教職員會議，學校每逢運動會和大型活動也都用普通話發言。"許耀賜說，景嶺書院的校園廣播有固定時段用普通話播放歌曲、演廣播劇等，創造語言環境，讓學生多聽多講。

許耀賜由此感受到，教育在"推普"中作用重大。2001 年，在許耀賜等理事的共同倡議下，香港普通話研習社科技創意小學正式創辦，這是全港第一家採用普通話作為教學語言的政府津貼學校，許耀賜和研習社的幾位老夥伴成了校董，把他們多年的經驗應用於正規的義務啟蒙教育中，將"推普"工作成功延伸至基礎教育。

和許耀賜走在"普小"校園裏，記者看到師生們不時用流利的普通話交流，聽到校園電台播放普通話通知，恍如置身內地校園。剛開始學習普通話的一年級小同學黃梓墨，在記者面前嫩聲稚氣地背起了《靜夜思》，這樣的古詩詞，他已經會用普通話背 20 多首了。

"這是我們研習社同仁們最驕傲的成果。"許耀賜說，"兒童階段是學習語言的最佳時段之一，在這個時期推廣普通話，事半功倍。"

"普小"的第一屆畢業生如今已經走上工作崗位，在校慶的留言簿上，滿滿的都是他們對母校的感恩，小學 6 年打下的普通話基礎讓他們在職場多了一項技能，回到內地更加親切。畢業生李澤江現在在一家律師行工作，他在升中學後沒再學過普通話，但有了這 6 年的"老本"，律師行特地委派了不少內地客戶給他，事業上得到了更多的機會。

許耀賜多次到內地交流和旅行，目睹國家的發展一日千里，深深地為祖國自豪。他說，香港的未來必須融入國家發展大局中，學好普通話大有作為。問他，幹了 50 年，還要"推普"多久？"革命尚未成功，我輩仍要努力！"許耀賜哈哈一笑。（新華社香港 2020 年 10 月 18 日電）

傳承燈塔文化的香港年輕人

陳珮盈

　　坐落在維多利亞港一隅的香港海事博物館，遠看猶如一艘浮在水面上的巨輪。一位青年神采奕奕地在博物館裏迎接記者。他是在香港土生土長的王瑋樂，雖然在香港城市大學修讀了會計與法律專業，卻鍾情於研究一個與專業毫不相關的領域：燈塔。

　　走向博物館中層展廳的路上，王瑋樂沿路向記者詳細地介紹了展廳裏展示的各種照片、掛畫和模型。他對每一件展品都了然於胸，能不假思索地說出它們的歷史背景和細節。

　　中層展廳的中央是一個大型的香港舊燈塔模型，王瑋樂在這裏細說了他與燈塔結緣的故事。

與燈塔 "結緣"

　　"一開始接觸燈塔其實是源於書法。" 王瑋樂向記者憶述他的心路歷程。

　　王瑋樂自幼學習書法。在成長過程中，一直保持著臨摹字帖的習慣。這讓他比同齡人接觸了更多的中國經典古籍，並鍾情於博大精深的中華文化。

　　2014 年，香港城市大學邵逸夫圖書館舉辦了一場書法展。當時還在唸大一的王瑋樂被這些作品深深地吸引，他每天都去參觀書法展，仔細觀察每件作品的筆法力度，在圖書館流連忘返。

　　王瑋樂對書法作品的熱愛，引起了城大教授、時任香港城市大學邵逸夫圖書館館長景祥祜的注意。兩人在交談中得知都擁有商科背景，又同樣對中國文化有著濃厚興趣。自此之後，二人亦師亦友。

　　彼時的景祥祜，正擔任 "燈塔古跡保育研習實踐" 項目（燈塔項目）的負

責人。這個項目對香港的港口與燈塔進行研究，藉此讓不同專業的學生透過參與古跡的研究與保育，自主學習、發掘文獻，加深他們對傳統文化與香港文化的認識。王瑋樂欣然加入了景祥祜教授的燈塔項目。

讓燈塔 "發光"

王瑋樂和他的老師、同伴們熱衷於製作燈塔的三維模型、拍攝燈塔紀錄片、採訪水上人後代、翻譯舊報紙等。他們努力發掘每一座燈塔背後的傳奇故事，讓從未消失的微光溫暖城市人的心靈。

蔡樂詩是團隊的成員之一。她是一位視障人士，現正就讀於城大翻譯及語言學系。她與另外一位視障同學一起製作有關燈塔展品的口述影像和點字材料，讓更多視障人士可以了解燈塔。

在王瑋樂的引導下，她輕輕觸摸一個由他們團隊製作的燈塔三維模型，聽著王瑋樂的聲音導航，用手感受燈塔模型的輪廓和結構。

"製作這些模型的目的之一，就是希望讓視障人士能夠親手觸摸到燈塔。"蔡樂詩對記者說。

走出校園，王瑋樂和燈塔項目的團隊成員也致力將燈塔研究帶到公眾眼前。2021 年 12 月初，王瑋樂和團隊在海事博物館舉行了他們共同編集的新書《夜航明燈：香港港口與燈塔》的發佈會。

發佈會當天，20 世紀 60 年代的橫瀾島燈塔外籍管理員花維路的家人和朋

友來到現場，分享了香港燈塔和漁民的故事。

　　作為燈塔守護人，花維路畢生致力幫助漁民融入現代社會。投影儀上泛黃的照片、花維路親屬們充滿細節的講述，讓一個關於"遠航與歸來"的故事鮮活而溫暖地呈現在眼前。

　　"很開心能有今天這樣的公開場合去講述這些故事。"活動結束後，王瑋樂與記者分享他的感受："如果不把這些故事和片段保留下來，以後恐怕就沒人知道了。"他希望透過舉辦這樣的公開活動，讓更多人投入城市歷史的保育中，讓香港故事與人文關懷能夠代代相傳。

守護燈塔城市

　　香港是中國航海通道的重要中轉站，香港的燈塔是中國海事歷史中的重要見證。"香港的燈塔從來都是中國燈塔發展規劃的一部分。"王瑋樂在研究中發現，在一幅清朝海關出版的《通商各關沿海建置警船燈各地方總圖》中，即便當時香港已被英國強佔，依然被納入這幅全國航海地圖之中。

作為繁華了一百多年的港口城市，香港擁有多處歷史價值較高的燈塔和航標建築。其中五座如今被特區政府列為法定古跡，包括鶴咀燈塔、舊青洲燈塔、新青洲燈塔、橫瀾島燈塔和燈籠洲燈塔。它們各有特色，也都曾為先人照亮前路。

通過研究燈塔，王瑋樂逐漸發現它們背後聯結的歷史與文化價值，也希望為古跡的保護與傳承出一份力。

王瑋樂希望，自己能有機會與更多同學一起去內地參觀當地的名勝古跡，也希望同學們能運用自己專業的知識，用自己的方式將這些古跡，以及圖書館裏的古籍和博物館裏的文物重新呈現，演繹他們眼中的中國文化。

王瑋樂的熱誠和投入也感染了他身邊的人。朱婧窈畢業於城大翻譯與傳譯專業，不久前寫作了一篇名為《青年力量 —— 文化傳承急先鋒》的文章，從她的角度講述了王瑋樂踏尋古跡的歷程和藏在古跡背後鮮為人知的故事。

"他是一個對歷史文化很執著的人。" 朱婧窈覺得，王瑋樂對於古跡兼具深度與廣度的解讀讓它們變得生動有趣，顛覆了古跡在大眾心中的印象。

王瑋樂和同伴們知行合一的努力也深深打動了景祥祜教授。"我從這群青年的一腔赤誠中看到了中國文化傳承的另一種可能。" 他說。

堅守熱愛、努力傳承，王瑋樂和他的同學們，就像朱婧窈文章的結語所言，是 "新時代的弄潮兒，也是文化傳承的急先鋒"。（新華社香港 2022 年 1 月 16 日電）

一個香港 "90 後" 女孩的漢服情緣

劉明洋

在香港葵涌一座日夜忙碌的工業大廈內，有著一間與周圍工業氣息格格不入的工作室。走進房間彷彿穿越時空回到古代，琳琅滿目的漢服及飾品擺放其中，一位古風打扮的少女正幫著顧客整理妝容，準備體驗試穿這些漢族傳統服飾。

"從小覺得古裝劇裏的裝扮好漂亮"

這位長衣飄飄的少女叫陳雯雯，是民間社團 "漢服香港" 的創辦人之一，也是這間漢文化工作室的主人。與香港街頭隨處可見的現代時裝不同，這位香港 "90 後" 女孩梳著古代女式髮髻，頭戴傳統纏花髮簪，身著一襲墨綠色紗衣和一條米黃色打褶長裙，腰間綁著長長的繫帶，臉上帶著復古妝容，含蓄而又自信地顯露出東方女性的優雅精緻。

"今天我穿的是一身宋代漢服，衣服叫做 '褙子'，裙子叫做 '百迭裙'。褙子直領對襟，兩側從腋下起不縫合，多罩在其他衣服外穿著，流行於宋、明兩代。要是參加展示活動的話，我還會穿上一雙繡花鞋。" 迷上漢服已 10 年的陳雯雯如數家珍般地向記者介紹，漢服已成為她生活中不可缺少的一部分。

這位身材嬌小的女孩最初與漢服結緣，源自她對古裝影視劇的喜愛。"從小就覺得古裝劇裏女演員的裝扮好漂亮，上中學後就刻意去圖書館或者上網了解這些古裝的來歷，那時才知道原來它們叫漢服。" 陳雯雯說。

2011 年還是中學生的陳雯雯被漢服的魅力深深吸引，愛美心切的她有了

試穿漢服的衝動。"當時香港的網購還不發達，又沒有專門賣漢服的店鋪，所以我的第一件漢服是自己親手做的。" 從小喜歡手工活兒、會一些縫紉技術的陳雯雯，利用空閒時間上網和查閱一些文學作品，收集漢服的資料和參考圖樣，然後用自己的零花錢去商店選購布料，照貓畫虎般地裁剪製作。雖然做工算不上精美，但她對擁有人生中第一件漢服仍然感到十分興奮和滿足。

"記得第一次穿上它上街是去參加一個巡遊活動，主辦方要求參與者可穿著民族服飾。" 陳雯雯回憶說，當時走在街上心情很緊張，但不是害怕別人奇異的目光，而是擔心自己對漢服的了解還不夠，別人過來詢問解釋不清楚。

中學畢業後，不用再穿校服的陳雯雯，幾乎每天都離不開漢服。如今她更愛以漢服元素混入時裝，"希望人們看見我的時候會覺得這件衣服既靚又日常，他們也可以嘗試，這樣才是將自己的興趣融入生活。" 陳雯雯笑著說，現在她大概有八九成的衣服都是漢服。

"要明白自己穿的是什麼"

最初的喜愛是因為漢服的美，而長久的著迷則因其文化底蘊。多年來，陳雯雯都會定期閱覽內地有關博物館網站和相關書籍，了解考古出土的最新漢服樣式和服飾研究，不斷給自己 "充電"。"我要推廣漢服，首先要明白自己穿的是什麼。" 她說。

隨著了解的不斷深入，她發現有著幾千年歷史的漢服，不僅外表華麗、工藝講究，而且不同朝代的款式搭配各有特色，有著一個龐大的服裝體系。"在很多人印象中，古代男女通常把自己包裹得很嚴實，但從一些古畫中可以發現，古人在家裏也會穿著一些比較輕薄或者短袖的衣服。" 陳雯雯表示，漢服比大家想像中更加豐富多彩，無論大人小孩、高矮胖瘦，都能找到適合的款式。

經過多年學習與體悟，如今陳雯雯對漢服的理解與認知更加深刻。何為漢服？陳雯雯向記者解釋道，漢服是指從黃帝 "垂裳而天下治" 起，直至明末

清初時期，在漢族主要聚居地形成的傳統服飾體系，承載了中華民族傑出的工藝、高雅的美學以及傳統禮儀文化。"現在漢服愛好者穿的最多的是宋、明兩代的衣服，因為這兩個朝代流傳下來的相關文物資料較多，方便後人了解和仿製。"

此外，漢服的每個部位或做工細節都有豐富的文化意涵。她舉例說，很多漢服的後背正中都有一條筆直的縫綫，稱之為"中縫"。它除了用作正衣冠外，也貼合人的脊椎，代表做人要正直。再如，禮服的袖子較大，袖根的縫綫是一個大的弧形，下身則搭配方形的裙子，代表傳統文化上的天圓地方。

"漢洋" 混搭是香港城市特色

隨著網購興起，陳雯雯購買的漢服越來越多，為了能與他人分享，幾年前她開了這間漢文化工作室。目前，工作室除了提供漢服和飾物試穿及租借外，還會教導髮型製作及化妝。

"工作室現在大概有 200 多套各式漢服，幾乎每個朝代的都有。"陳雯雯表示，她的夢想是成為全職漢服造型師。為了保證工作室的基本營運，陳雯雯會利用空閒時間做一些兼職。她坦言也曾被父母勸說找一份穩定工作，但她卻堅持趁年輕要勇敢追夢。

通過綫下活動和社交媒體，陳雯雯結識了一批跟她一樣熱愛漢服的年輕人。為了把散佈在不同地區的"同袍"組織起來，他們在 2013 年註冊成立了民間社團"漢服香港"。

"現在我們社團已發展到兩三百人，基本都是 20 多歲的年輕人或者大學生，還有一些中學生。只要你喜歡漢服，都可自願免費加入。"陳雯雯介紹，社團曾舉辦過多種多樣的漢服文化活動，包括學校講座、工作坊、茶藝及漢服巡遊展示等，希望令更多人認識漢服。

談及漢服帶給年輕人的變化，陳雯雯表示，一些年輕人愛上漢服後，性格變得更加平和，更願意靜下心來了解中國歷史和中華文化，在日常生活中也變得更加成熟懂事，更願意去傾聽溝通。

　　香港是一個國際大都市，多元文化在此匯聚碰撞，時裝文化亦是如此。"但我們不能只追隨一些西方潮流的東西，也要去尋找有我們民族文化特色的服飾。希望社會能重視漢服文化的傳承，'漢洋'混搭也正好體現香港中西文化融合的城市特點。"陳雯雯說。（新華社香港 2021 年 7 月 25 日電）

香港非遺手藝人：花牌在，希望就在

陸敏

春節將至，行走在香港新界的元朗街頭，不時能看到高達兩三層樓的大型裝飾花牌矗立路邊，其上描龍畫鳳、花團錦簇，寫滿了"恭賀新禧"、"丁財兩旺""金銀滿堂"等祝福語，為新冠肺炎疫情陰霾下的香港平添了幾分喜氣。

花牌，是香港傳統民俗中歷史悠久的大型紙紮裝置藝術，從色彩搭配、書法排列到裝飾風格，都蘊含著濃濃的中國風韻和傳統精髓。2014年，這項手工技藝被香港特區政府納入首份非物質文化遺產清單。

"花牌總是跟喜慶和祝福聯繫在一起的。日子再難，花牌在，希望就在。"正在趕工的花牌師傅黎俊霖說。

傳統工藝　慢工才能出細活

這是元朗南邊圍小巷裏一家不起眼的小店，逼仄的店面，老舊的家具，只有牆上泛黃的花牌老照片和各種紙紮造型飾物讓這家老字號顯得與眾不同。

今年67歲、人稱"蘭姐"的李翠蘭正在一筆一畫地給一個一尺半見方、亮紫色的"禧"字描上白邊。

描完了邊，蘭姐直起身來，指指牆上一對龍頭魚身的紙紮造型說："這是鰲魚，是我父親當年親手做的，上面的油漆重新塗過，但龍骨支架已超過60年啦。"

1954年，就在蘭姐出生的那一年，父親李錦炎創辦"李炎記花店"。蘭姐十多歲就開始在店裏幫忙，見證了花牌最紅火的年代。

　　在 20 世紀 50 年代至 80 年代初的香港，無論是大型節日、開張志慶還是婚嫁添丁、喬遷之喜，都要在街頭巷尾的醒目位置豎起喜慶花牌。

　　"在信息不發達的年代，花牌有廣而告之的功用。誰家有喜事，走過路過的客人，遠遠地看到花牌就知道了。越有錢的人家，花牌做得越大越氣派。"由於需求旺盛，那時的花牌公司遍佈全港。蘭姐記得，每到年節，店裏都忙得不可開交。

　　花牌製作工序繁複，講究的是工整對稱。兩邊有龍鳳柱，最上面是鳳頭、雀頂，中間的文字有固定格式，主次分明，其間用鏹紙做的花朵點綴。最後搭好竹棚將花牌懸掛上去，四周以紅布環繞，還要裝上燈飾，晚上也能燈火通明。

　　花牌工藝裏最難的是哪一道？蘭姐回答："寫字！"

　　細看李炎記的字體，是一種以楷書為模板的美術字，用色和描邊清晰醒目，色澤豔麗。

　　蘭姐是童子功。當年花牌上用的都是棉花字，父親用糨糊寫了底字，女兒李翠蘭扯薄棉花糊在字上。日日觀摩父筆，也算得了真傳。待李翠蘭成了第二代傳人，才正式提筆。

　　記者注意到，蘭姐用的不是毛筆，而是刷油漆用的平嘴油刷，蘸磁漆書

● （上）李翠蘭給一個一尺半見方、亮紫色的 "禧" 字描上白邊　陸敏 攝
● （下）李炎記第三代傳人黎俊霖介紹 "飛龍在天" 龍柱　李鋼 攝

寫。"傳統的棉花字有立體感，但對棉花品質要求高，原料不好找，而且也禁不起日曬雨淋，後來就改為附著力更好的磁漆了。"

磁漆寫一次不行，要多上幾層，色彩才夠濃豔，每道工序都要乾透才能往下進行。天氣好乾得快，遇上雨天就得好幾天。花牌上的花都是手工摺疊，擺放位置講究準確對稱。

"這都是慢工才能出的細活。"蘭姐說。

日漸式微　疫情下飽受衝擊

隨著時代變遷，花牌行業日漸式微。現在全港僅存四五家花牌作坊，都在遠離鬧市的新界。

"花牌有的要好幾層樓高，材料存放、綁紮製作都需要較大的場地，現在租金這麼貴，空地更不好找，難啊。"蘭姐說。

小巷對面就是他們家的小倉庫。記者看到，狹小的空間裏，各類材料堆得滿滿當當，在小店後門，這樣的倉庫還有兩間。

與其他戶外工種相比，花牌工人的收入低，要學的東西卻不少，一些手藝還需要長時間磨煉，讓不少年輕人卻步。

"有人上午來開工，下午就跑了。"蘭姐苦笑道。

2014年，就在蘭姐糾結是否結業的兩難關頭，"80後"青年黎俊霖答應接手，成了李炎記第三代傳人。

搭棚師傅出身的黎俊霖對花牌本不陌生，"可是真入了行，才發現這手藝不是一朝一夕能學到的"。

"你看，這是我們店獨有的'飛龍在天'龍柱。"黎俊霖指指身後，只見一條紅脊綠鱗的手繪巨龍盤旋騰躍，栩栩如生。如今，這個沿用了60多年的龍柱造型已被他們註冊成了商標。

雖說如今的生意不比從前，但黎俊霖並不認同花牌行業"衰落"的說法，"喜愛傳統的客戶一直都有，客源還是有保障的"。每年春節、天后誕和太平

清醮等傳統節日以及國慶節都是花牌的旺季。

　　黎俊霖表示，以前一個春節最少也要做七八十個花牌，但今年在新冠肺炎疫情打擊下，也就做四十多個，減少了四五成，從全年來看還不止這個數。

傳承不懈　最傳統也最時尚

在新界圍村長大的黎俊霖覺得，時代廣場是香港最繁華時尚的地方了，他從沒想過花牌有朝一日能在這裏展出。

2016 年春節期間，李炎記花店受邀製作了高 8 米、全長共 33 米的巨型賀歲花牌，在銅鑼灣時代廣場展出了 20 多天，轟動一時。

此後，一個國際紋身展也來邀請他們展示花牌。主辦方說，花牌有濃郁的傳統元素和地域特點，外國友人一看到花牌就知道這裏是中國香港。

"沒想到這個行業比自己想像得更有價值。" 自此，黎俊霖有了一種莫名的使命感，開始有意識地接觸更多類型的活動，主動推廣和傳播花牌文化。

黎俊霖為店鋪開設了社交媒體專頁，經常上傳一些圖片和視頻，分享李炎記和花牌的歷史故事，宣揚花牌的文化內涵，至今已有 2000 多人點讚，不少人也因此成了他們的客戶。

以往傳統花牌大多是大型戶外花牌，佔地大，若在市區擺放還要申請很多手續。在客戶提議下，他們開始嘗試製作小型室內花牌，反響不錯。

"目前用在婚宴上的比較多，有些客人喜歡傳統中式婚禮，沒有什麼室內裝飾比花牌更喜慶熱鬧了。" 黎俊霖說。

創新不止步，黎俊霖嘗試過在電訊公司開張時改祝福語為 "phone 生水起"，也嘗試過在為女兒生日宴做的花牌上放上親友與女兒的大幅合影。

但在黎俊霖心裏，堅守傳統比創新更難。"新花樣可以不斷製造，但傳統的丟了就沒了。"

他夢想著有機會能做一個最純正的傳統花牌：手寫體，棉花字，立體的龍頭鳳頂……"每一個元素都是傳統的，原汁原味的。"

黎俊霖說，為了這個夢想，只要自己還有一份力，就會一直做下去。（新華社香港 2021 年 2 月 9 日電）

四

自
強

"同處海角天邊，攜手踏平崎嶇"。在數代香港人胼手胝足的奮鬥史中，自強不息永遠是一桿傲立的精神大旗，它不僅在艱難中鍛造了"東方之珠"傳奇，更以進擊和昂揚姿態寫出人生真意——突破困境，擁抱希望。

　　這種精神閃耀在每個人身上。猛龍長跑隊一步步逼近和超越極限、殘障人士在舞台展現音樂之美、香港漁民與海共舞，百折不撓。香港人的自強，不僅激勵自己，也感懷他人。

　　不怨懟、不自艾、不躺平。在蝸居劏房裏心懷向上理想、在跨越藩籬間為國為港爭光、在貨車輪胎上跑出富足生活。香港人的自強，於日日賡續之努力中，總能開出鮮豔的花。

　　正如蘇炳添所言，不向命運低頭，為夢想拚搏向前。天行健，這獅子山下歷久彌新的堅韌奮發，終會刻下那不朽香江名句。

（牛琪）

蘇炳添在香港的兩個 "第一次"

韋驊

4 日午後，陽光明媚。在維多利亞港的一艘遊船上，內地奧運健兒代表團成員、"亞洲飛人"蘇炳添憑海臨風，遠眺岸邊林立的高樓感慨道："來了香港這麼多次，之前還真沒遊過維港，好漂亮啊。"

多次在港參加比賽、兩次隨奧運代表團訪港，從 2006 年到 2021 年，蘇炳添與香港的故事寫了一頁又一頁。

蘇炳添的香港情結

在此前的一次投票評選中，蘇炳添是香港市民 "最想見到的內地奧運健兒" 之一。在隨代表團訪港的三天時間裏，蘇炳添實實在在感受到這座城市對他的偏愛。無論走到哪裏，他都能吸引粉絲最高分貝的尖叫；只要站在那裏，他就是聚光燈的寵兒。

為什麼蘇炳添如此受歡迎？除了在賽場上追風逐電，"廣東仔"的身份也在無形中增添了他與香港市民的親近感。熟悉的氣候環境、相似的飲食習慣、面對粵語提問毫無壓力……對蘇炳添來說，來到香港，與其說是做客，不如說是到鄰里串門。

蘇炳添與香港很久前就結下了緣分。

與很多 "80 後" 一樣，蘇炳添是看著 TVB（香港電視廣播有限公司）的節目長大的。作為一名忠實粉絲，少年時期的蘇炳添總會在黃金檔準時守在電視機前。那塊不大的電視機屏幕成為蘇炳添最初了解香港的窗口。

　　奇妙的是，蘇炳添因香港追夢田徑。在香港理工大學與學生交流時，蘇炳添說："我從小喜歡看香港的武俠小說，最愛金庸先生的《笑傲江湖》和《天龍八部》，我深信'天下武功，唯快不破'。在那時候，我夢想成為跑得最快的追風少年。"

　　巧合的是，蘇炳添也因田徑走進香港。對於很多田徑愛好者來說，他們或許了解蘇炳添在 2015 年為中國田徑捅破窗戶紙，跑出 9 秒 99，也熟知他在今年東京奧運會上石破天驚的 9 秒 83，但可能鮮有人知道，他職業生涯的第一槍，正是在香港打響。

在香港的兩個 "第一次"

2006 年，柴灣，城市邀請賽，10 秒 59，冠軍。

● 蘇炳添在東京奧運會男子 100 米半決賽後吶喊慶祝　呂小煒 攝

　　對於後來時常在奧運會、世錦賽上閃光的蘇炳添來說，當年那場城市邀請賽的賽事級別實在不高，10 秒 59 相較於現在 "破十" 的成績也微不足道。可就像一個孩子總是對自己的第一個一百分記憶猶新一樣，蘇炳添清晰地記得 15 年前那個年少的自己。

　　"2006 年我第一次來香港，代表中山市參加比賽，那也是一場國際比賽。當時我 17 歲，10 秒 59 在那個年紀已經非常厲害了，後來我還參加了 200 米和接力。通過那場比賽，我慢慢走上了職業道路。"

　　第一次來到香港，一切都是那麼新鮮。映入蘇炳添眼簾的是和電視上一樣的畫面。"原來真的和電視劇裏面一樣。到處都是高樓大廈，到處都是購物、吃飯的地方，所以印象還是很好的。"

　　2009 年，將軍澳，東亞運動會，10 秒 33，冠軍。

　　三年後，蘇炳添又一次來到香港參加比賽，彼時的他，依然靦腆、不愛說話，但他多了一個身份 —— 國家隊隊員。

　　"那是我第一次代表國家隊參加大型賽事，挺巧的，2006 和 2009，我的兩個契機都出現了在了香港。這兩個比賽也給我的職業生涯奠定了很好的基礎。"

此次隨代表團訪港，蘇炳添又回到了將軍澳，他說："2009 年我就是在將軍澳運動場奪得了東亞運動會冠軍，剛才看到了那塊場地，感覺很親切。"

"蘇神" 讚 "蘇神"

在代表團的 29 名運動員裏，雖然蘇炳添不是奧運冠軍，不過這並不影響香港市民對他的肯定。

在這幾天記者對香港市民的採訪中，一聊起蘇炳添，大家無一不對 "蘇神" 取得的成績表示肯定。蘇炳添一身傷病不放棄、面對挑戰不畏懼的精神讓他們倍感鼓舞。

蘇炳添的故事激勵著香港同胞，香港短跑選手蘇樺偉的經歷同樣感動著蘇炳添。作為一名殘疾人運動員，蘇樺偉在超過 20 年的職業生涯裏，參加了多屆奧運會，贏得六枚金牌，同時保持多項世界紀錄。他的故事被翻拍成電影，於今年 9 月在內地上映，前段時間蘇炳添也在社交媒體推薦了這部電影。

蘇炳添說："我在他身上看到了內地與香港青年為了夢想奮鬥的同一種信念：不向命運低頭，排除一切困難，為了夢想拚搏向前。"

蘇炳添說："蘇樺偉才是真正的 '蘇神'。"

這兩年的蘇炳添有點忙，32 歲的他一邊儘可能地延長自己的運動壽命，一邊履行著一項神聖的使命 —— 為人師。這位暨南大學遠近聞名的蘇教授，曾說體育是交流的載體，而他也願意成為一名伯樂，為香港的短跑事業加把勁。

"我希望在未來的路上，能夠幫助香港在短跑運動員方面選出更多的苗子，為香港體育事業的發展發揮自己的一點點作用。" 他說。（新華社香港 2021 年 12 月 6 日電）

猛龍長跑隊：下一站奧運

張雅詩　許淑敏　盧炳輝　許朗軒

　　黃昏細雨，香港斧山道運動場上聚集了數十名身著鮮豔運動服的跑手。他們分為兩人一組，每對跑手以一條"領跑繩"互相牽引著，步伐一致地在跑道上緩緩前進，形成一道獨特的風景綫。

　　這是一支名叫"猛龍"的長跑隊，主要由視障和聽障人士組成，取其"盲"和"聾"的諧音命名。他們以健全和殘疾人士搭檔的形式練習長跑，旨在幫助殘疾人士鍛煉體魄和強化心靈。

　　成立十年，猛龍長跑隊在海內外參加過多項賽事，身經百戰的隊員們對於即將開幕的東京殘奧會也熱切期待。

失去視力，沒失去視野

　　每週四是猛龍長跑隊的練習日，只要天氣不太惡劣，練習會如常進行。壓腿、拉伸、原地跳……43歲的視聽障人士蔡浩良與隊友在教練指導下，熟練地完成整套熱身動作。

　　蔡浩良自小有聽力問題並患有家族遺傳眼疾，自18歲起視力逐漸衰退。5年前，他的病情急劇轉壞，雙眼只剩下約一成視力，無法繼續原來的化妝品品質控制工作，轉職為咖啡師。

　　人生出現重大變故，令文靜的蔡浩良變得更加沉默。在朋友的介紹下，他加入"猛龍"，開始練長跑。"我在這裏認識了很多人，他們不同的人生故事啟發了我，激勵我尋找自己的目標。"蔡浩良面露燦爛笑容，講述在長跑隊的經歷，笑稱自己不僅比以前開朗健談，體能也大大提升了。

　　"猛龍"隊員對每週一次的訓練都十分期待和珍惜，他們趁著休息的空檔

互相噓寒問暖，不時爆出歡笑聲。"'猛龍' 精神是什麼？"猛龍長跑隊創辦人莫儉榮為隊員加油助威。"看不見、聽不到，'猛龍' 做得到！"隊員們齊聲回答，情緒高昂。

　　談到 "猛龍" 成立的緣由，莫儉榮說，當時有朋友請他構思一些服務項目去幫助聽障人士，他便想到成立長跑隊，可以磨煉意志，提升自信。

　　作為資深註冊社工，也是失明人士，莫儉榮深刻體會殘疾人士融入主流社會的困難。他在多年前成立了慈善機構香港傷健共融網絡，以有別於傳統的方式服務殘疾人士，致力推動傷健共融。

　　"光向殘疾人士派發物資並非最佳的援助方式，更好的是提升社會對他們的認同和接納。我們要以行動告訴大家，我們雖然失去視力但沒有失去視野，失去聽力但沒有失去毅力。"他說。

　　莫儉榮坦言，"猛龍" 最初成立時不被看好，但他們一直堅持，事實證明這是值得的。"猛龍" 成員人數由最初 12 人增至目前約 300 人，在長跑界逐漸為人熟知，海內外長跑賽的主辦單位和殘疾組織紛紛邀請他們參賽和分享經驗。

萬事開頭難

　　猛龍長跑隊於 2011 年成立時，只有 6 位盲人和 6 位聾人跑手。"盲人和聾人在一起，正好互補不足。"莫儉榮說，最初他們安排失明和失聰跑手搭配比賽，健全人士則負責聯絡和後勤。為了方便溝通，盲人跑手會學習簡單手語，例如表達快和慢的手勢等。

　　萬事開頭難，"猛龍"在組隊首戰渣打香港馬拉松中"全軍覆沒"，沒有隊員能在規定時間內完成賽事。莫儉榮從失利中總結經驗，調整了跑手的配對和組合方式，由健全人士擔當領跑員，領著殘疾隊友一起跑，充當他們的眼睛和耳朵。

　　"猛龍"的領跑員來自各個行業，從事文職工作的嚴惠茵是其中一員。她原本是"猛龍"的義務攝影師，被團隊的堅毅和熱誠所感染，繼而投身領跑行列。

　　嚴惠茵在十多年前已開始跑步，大部分時間獨自在海邊或郊外練跑，當領跑員之後才首次參加馬拉松，與大夥兒一起享受運動的快樂。她印象最深的領跑經歷，是與蔡浩良搭檔賽跑。

　　那一次，比賽途中突然下雨，蔡浩良擔心助聽器被淋濕，將助聽器摘下放進口袋裏，然後繼續比賽。"這樣，浩良就完全聽不見，也看不見，因此我必須非常警惕，並以觸感手語提醒他路況。"嚴惠茵回憶說，雖然不容易，但他們懷著信念，彼此鼓勵，最終順利完成賽事。

　　"當領跑員看似幫助了別人，其實我們也是受惠者。"嚴惠茵說，以前她習慣了家人替她安排好一切，到哪裏去都不用操心。當領跑員要負責照顧隊友，令她變得更獨立。

"猛龍"過江，以奧運為目標

　　在不少人的眼中，視障和聽障人士跑步、爬山，甚至參與長跑比賽，幾

乎是"不可能的任務"。

　　"跑那麼長時間，不累死人嗎？"蔡浩良告訴記者他加入長跑隊後的轉變。"加入'猛龍'之後，才發現原來我也做得到！"過去 4 年多，蔡浩良成功挑戰了 42 公里馬拉松、100 公里越野賽等多項賽事。這些比賽都不設殘障組別，所有參賽者需在限定時間內跑完整個路段，一視同仁。

　　2020 年 1 月在香港舉行的一項 100 公里賽事對蔡浩良來說特別難忘。跑手需穿過海岸小徑和海灘、越過山丘和山谷，再攀上香港最高峰大帽山，全程不休。蔡浩良最終以 28 小時 05 分完成賽事，過程中共有 3 位健全人士接力做他的領跑員。

　　"所謂不行，其實是打破不了固有看法和思想。"莫儉榮說，若要鼓勵殘疾人士提振鬥志，不能只對他們說 "活著就有希望"，必須提供實實在在的平台，讓他們發現自己的生命價值。

"猛龍" 隊員一直勤於參賽，在新冠肺炎疫情暴發之前，他們每年參加 12 至 15 項賽事，每年一次到境外比賽。澳大利亞黃金海岸、日本沖繩以及中國內地許多地方都有他們的足跡。

"衝過終點，工作人員遞給你一杯啤酒，喝下去多暢快！" 莫儉榮回味在青島跑馬拉松的情景。他曾有一段時間在內地做科技復明工作，見證了內地的高速發展，馬拉松賽事的質量也不斷提高，越來越人性化，充分體現對殘疾人的尊重和關懷。

近年 "猛龍" 邀請了專業教練為隊伍進行訓練，以進一步提升隊員的跑步技巧並挑戰更高層次，期望能領取到奧運入場券。去年，蔡浩良曾經參加殘奧會馬拉松選拔，遺憾未能達標，但他將繼續嘗試。

"我們下一個目標是 3 年後的殘奧會，並將與教練研究加強隊伍操練。" 莫儉榮強調，比賽名次和輸贏是其次，更重要的是讓殘疾隊員多接觸外面的世界，豐富生活。（新華社香港 2021 年 8 月 18 日電）

跨越藩籬！進擊的華人騎師

張雅詩

　　清晨，香港這座城市還沒醒來。位於新界的香港賽馬會沙田馬場上出現了幾個身影，數名騎師和馬匹在晨操，賽馬會首席華人騎師何澤堯是其中之一。

　　本月中旬，何澤堯將代表中國香港出戰備受全球馬壇矚目的 "國際騎師錦標賽" 和 "香港國際賽事"，與全球頂尖騎手一較高下。比賽在即，這位 "港產" 騎師未敢鬆懈，在晨光中開始了一天的策騎訓練。

著力培育本地騎師

　　賽馬運動於 19 世紀 40 年代由歐洲引入香港。位於港島、1845 年落成的跑馬地馬場是香港首個賽馬場，當時進馬場被視為高端社交活動。在香港的綠茵賽道上多年來由外籍騎手稱霸。近年，華人騎師憑著出色的表現，越來越受關注。

　　除了從世界各地招攬頂尖騎師來港，香港賽馬會同時著力培養本地騎師。1972 年，賽馬會成立見習騎師學校，歷屆畢業學員中，不少成了蜚聲國際的騎師和練馬師，其中包括告東尼、姚本輝和葉楚航等。

　　目前在港的外籍騎師和香港本地騎師大約各佔一半。30 歲的何澤堯是香港目前表現最優的華人騎師。上季度，他贏得 67 場頭馬，是該季度內勝出頭馬最多的本地騎師。他自 2009 年出道以來累計在港贏得超過 350 場頭馬。

　　香港本地騎師往往從十多歲才開始學習騎馬，而外籍騎師大多自小接觸馬匹，加上體能差別等因素，華人騎師要想突圍並不容易。

　　"華人騎師要成為賽場上的亮點便要多下苦工，要不斷努力找方法進步，

例如每年暑假到海外騎馬吸收經驗。"何澤堯表示，國外有很多不同的賽馬跑道，策騎方式千變萬化，有助鍛煉應變技巧。去年夏季，他在英國參加賽事，在一個月內取得 6 冠、2 亞、3 季的佳績。

香港賽馬活動的水準非常高，在國際上備受矚目，其中包括"國際騎師錦標賽"和"香港國際賽事"。據香港賽馬會介紹，前者每年均有一席位留給華人參與，但從未有華人在這項賽事中勝出。今年這項賽事將於 12 月 9 日在跑馬地馬場舉行，何澤堯獲選出賽，是唯一的華人代表。

至於"香港國際賽事"這一年一度的全球馬壇盛事，更受全球頂級騎師、練馬師和馬主矚目。這項比賽華人近年取得了突破，華人騎手梁家俊和蔡明紹都曾在其中獲勝。本屆賽事將於 12 月 13 日舉行，而何澤堯則是焦點之一。

刻苦鍛煉　成就卓越

要成為一名專業賽馬騎師，需克服多重艱苦訓練，何澤堯也不例外。

自小喜歡動物和大自然的何澤堯在 13 歲那年初嘗騎馬滋味。"學校放暑

● 何澤堯與自己的頂級賽駒 "金槍六十" 向觀眾致謝 新華社 發

假，家人讓我到薄扶林騎術學校學騎術，第一次騎馬，感覺很興奮。"何澤堯對騎馬的興趣越來越濃厚，甚至希望以此作為職業，於是在 16 歲進入賽馬會見習騎師學校。

由一個平凡的中學生成為專業運動員，何澤堯需要在多方面作出調整和適應。他特別強調要加強體能訓練，尤其要駕馭一匹重約 500 公斤的馬，少一點體力都不行。

"第一年在騎師學校，比較難熬的是操練體能，因為賽馬對體力需求很大，香港炎熱的夏天，動輒 30 多攝氏度，日曬雨淋，以一天跑十場賽事來算，絕不容易。"他說。

香港馬季每年持續約 10 個月。雖然馬季期間一星期只有兩天比賽，但騎師在其餘時間都在做準備，包括每天早上五六點開始與馬匹晨操，一直到九點多才休息；下午通過進行各項運動鍛煉體能，包括舉重、拳擊、跳繩、跑步、游泳等。騎師還要定時約見體能教練、物理治療師和營養師，以調節身體狀態。

騎師的體重影響他們可參與哪些賽事和策騎哪些賽駒。香港出賽的馬匹，負重約 51.3 公斤至 60.45 公斤，因此騎師越輕便越多選擇。身高 1.66 米的何澤堯體重為 53.6 公斤，他每天需檢查體重 6 至 7 次，在全年的賽期中也要增磅或減磅，心理和體力上要面對相當的壓力。

人馬合一最重要

何澤堯即將策騎頂級賽駒 "金槍六十" 出戰 "香港一哩錦標"。這匹 5 歲頂級良駒在港上陣 14 次，贏得 13 場冠軍，被視為這次奪標大熱門。"金槍六十" 的馬主陳家梁和練馬師呂健威均是華人，若在賽事中勝出，將為國為港爭光，成為佳話。

騎師負責在賽日策騎賽駒出賽。練馬師則負責訓練、照顧馬匹和管理馬房運作，並制定訓練方案，協助提升賽駒狀態並安排適當賽事讓賽駒參與。馬主、騎師、練馬師三者中，任何一方表現突出，都會吸引另外兩方垂青，從而獲得合作邀約。表現出色的騎師可名利雙收。

然而，對何澤堯來說，策騎最引人之處是他與馬匹的互動。"馬匹每一步、每一下呼吸、每一個動作，騎師要在幾分鐘之內掌握。"他說，策騎者要相信對馬匹的感覺，信心也很重要。

在香港賽馬，騎師不只跟一匹馬合作，一天的賽事當中，會策騎不同的馬匹。何澤堯指出，騎師和馬匹都是運動員，騎師上馬後要迅速了解馬匹性格，彼此合作上陣。

如今，在不少人眼中，何澤堯的名字已同"成功"掛鉤，他卻謙虛地說："'成功'這兩個字還輪不到我講，很多人比我優秀。當自己積累了一定的經驗之後，會發現原來世界很大，到了一個高點，還是會找到進步空間的。"

何澤堯回憶起剛剛進入見習騎師學校時，校長對學員們的期望很高，"校長希望培訓世界級騎師"，而他也在一次次認真比賽中一直朝著這個目標進發。

"我很期待與'金槍六十'合作，創出佳績，在疫情下帶給香港人正能量。"他說。（新華社香港 2020 年 12 月 6 日電）

福全街 56 號：香港劏房改造的一個樣本

陸敏　蘇萬明　王欣

"劏"，意為剖、割。香港的劏房，即一個住宅單位被切割成很小的部分，租給多家住戶。擁擠逼仄、衛生條件惡劣是這裏的常態，因年代久遠還存在滲漏、消防、治安等安全隱患。

位於深水埗的福全街 56 號，就曾是這樣一棟由一間間劏房組成的五層住宅樓。一家數口，居住面積大的不過十平方米左右，小的只有三四平方米。

經過一番改造，如今的福全街 56 號下面三層一共租住了 30 戶人家，樓上兩層則租給了中低收入的單身青年，居民戶數沒有變化，人均面積沒有增加，但住戶對居住環境的滿意度大幅提升，在逼仄、擁擠而卑微的環境中，尊嚴與隱私獲得了相對尊重，也為香港劏房的發展探索出一個全新樣本。

"共享"式改造升級居住體驗

"支床睡覺，拆床下床，是我們每天早晚都要做的事情，不拆掉床，房間裏根本就無法立足。"和丈夫一同租住在此的李巧秀說，她和丈夫到香港三年了，最初的落腳之處，就在福全街 56 號。當時，客廳被分隔成了三間房，租給了三戶人家，他們就住在廁所門口一個三平方米左右的房間裏，老鼠蟑螂經常光顧。由於環境惡劣，兩口子心情一直很差，三天兩頭吵架。

"老婆整天吵著要搬走，可是沒錢能去哪裏呢？"老實的丈夫總是手足無措。

由於貧富懸殊、房價高企，居住問題一直是香港社會的一大痛點。在香

港公屋輪候冊上，申請的輪候宗數已高達 25.7 萬，每戶平均 "上樓" 時間更長達 5.4 年。

在這種情況下，香港劏房近年來急劇增加。根據香港特區政府統計處 2018 年的數據，目前香港大約 21 萬人居住在劏房，人均居住面積的中位數只有不到 5 平方米。

"地方就這麼大，要升級居住體驗，只能從 '共享' 上做文章。" 香港規模最大的慈善服務機構東華三院執行總監蘇祐安告訴記者。

東華三院一直致力於在醫療、教育和社會發展等領域提供慈善服務。這一次，他們把目光聚焦於劏房，福全街 56 號是他們的第一個試點。同樣的樓層和面積、同樣的住戶數量，經過精心設計和整體改造，如今的福全街 56 號，不僅騰出了一個寶貴的公共空間，還保證了每戶都擁有一個可以採光通風的窗戶。

李巧秀兩口子喜出望外，他們並沒有搬離福全街 56 號的劏房，也不像過去總為房子吵架了。他們的房間擴大到七八平方米，還擁有了一個 10 多平方米的公共客廳。

12 家房客的隱私與尊嚴

　　站在二樓的公共客廳裏，記者看到，客廳被收拾得乾乾淨淨，成為大家的公共活動空間。客廳四周，分佈著 12 個房間，每個住戶都有了一個獨立空間，隱私感大大增強。每戶住房面積達到了 10 平方米左右，窗戶明亮透氣，可以望見外面的街市。

　　客廳一角是一個擁有四個灶眼、兩個水槽的公用廚房，旁邊是一個公共衛浴處，裏面有四個獨立小間，每間都有馬桶和淋浴器，門口是一個裝有 4 個水龍頭的大水槽，可供 4 個人同時洗漱。

　　在客廳中間的柱子上，貼著《居住及使用守則》，下面附著管理處、房屋事務主任和租務主任的電話。東華三院高級物業主任董觀興跟這裏的老住戶打著招呼。"跟他們都認識一二十年了。"董觀興說，這裏不僅有公共交流空間，他們還經常組織活動增進老人交流。

　　王太在這裏住了 30 多年。牆上掛著她和先生當年的黑白婚紗照，大衣櫃上掛著大大的 "福" 字，小小的屋子裏琳琅滿目。"都是孩子給我添置的。"她一一展示，話裏話外透著知足。

　　居住體驗升級，租金卻很便宜。李巧秀一家每月在這間劏房上的租金支出是 1800 港元。"放在外邊，這種條件的房子月租起碼要四五千呢。"她說。

　　有人住劏房，有人住豪宅，這是香港貧富差距的現實，也從基尼係數上得到印證。一般而言，0.4 為警戒值，而最近一次即 2017 年政府公佈的數據顯示，2016 年香港按原本每月住戶收入編制的基尼係數為 0.539，創 45 年來新高。

居者有其屋任重道遠

對於香港中低收入群體的大多數人來說，仍居住在 "昨天的福全街 56 號"。

就在離福全街不遠的另一處劏房裏，住著市民鄧女士一家四口。站在地面往上看，長長的樓梯一直通到三樓，然後再轉角向上。樓梯陡得視綫裏只有前人的鞋後跟，狹窄得只能一個人通過，陰暗得從一樓看不到三樓的樓梯頂。

鄧女士和丈夫及兩個孩子住的劏房，大概七八平方米的房間，月租金要 4500 港元。房間天花板漏水，已經滲到電燈附近，隨時可能漏電。長長的樓梯，讓她望而生畏，她因此很少帶孩子出門玩，"背著孩子上上下下，太累了"。

可孩子在家閒不住，經常蹦蹦跳跳，有一天鐵皮天花板被震掉了三塊下來，差點砸到孩子。地方狹小，孩子吵鬧，鄰里糾紛也因此增多。"每天上樓看著長長的樓梯，就感到很絕望。" 鄧女士說。

香港社區組織協會的數據顯示，2018 年全港共有 102.71 萬名 18 歲以下青少年兒童，其中 23.71 萬名處於在貧窮綫下。

穿行於香港深水埗這片中低收入群體集中居住的地區，灰白色的樓群外牆斑駁，有的牆皮已經脫落。樓上老舊的窗戶外，密密匝匝地掛滿了晾曬的衣物，在夾縫裏爭奪冬日那一縷陽光。不少舊樓的門邊，陰暗潮濕的門洞裏，不時有一兩隻老鼠竄出。

就在這一大片樓群裏，福全街 56 號藍灰色的樓體卓然而立，顯得如此與眾不同。時值春節將至，蘇祐安代表東華三院為福全街 56 號的老人們送上福袋和問候。60 多歲的住戶河先生開心地接過福袋，連連致謝。問起住在這裏的感受，他笑著說："感覺嘛，就像中了六合彩！"

"在香港的現實條件下，解決居住問題不能只靠政府，需要全社會共同援手。中低收入者何時能居者有其屋，依然是香港社會面臨的重大課題。" 蘇祐安說。（新華社香港 2020 年 1 月 23 日電）

公屋人家的百味人生

蘇萬明

"公屋單位是個讓人又想、又恨、又愛的地方。"《我們都是這樣在屋村長大的》作者之一范永聰在序言中寫的這句話,代表了很多香港公屋人家的情感。許多香港人曾經或依然在公共屋村中生活,那裏演繹的人間百態,耐人尋味。

當前,香港公屋申請難,已經成為市民普遍關注的社會課題。根據房屋委員會 2020 年 2 月初最新公佈的數據,在 2019 年 12 月底,約有 151900 宗一般公屋申請,以及約 108500 宗配額及計分制下的非長者一人申請,一般申請者的平均輪候時間為 5.4 年。

石硤尾:廢墟上建起第一代公屋

香港住房大體上分三類:公屋(政府提供的公共租住房屋)、居屋(類似"限價商品房")和私樓(商品房)。香港房價高企,目前有超過 1/3 的香港居民生活在公屋中。

位於深水埗的石硤尾村,可謂香港第一個公共屋村。20 世紀四五十年代,大量居民棲身於九龍一帶的木寮屋區,火警時有發生。1953 年 12 月 25 日晚,現在的石硤尾大街一帶發生了一場大火,燒毀大片木屋,5.8 萬餘人無家可歸。

石硤尾大火之後兩個月,政府在災場附近建起了一棟兩層高"包寧平房",安置災民。同年底,幾棟"徙置大廈"在災場落成,"包寧平房"內災民相繼搬入。石硤尾徙置大廈的興建,標誌著香港公屋的誕生。

徙置大廈發展到 20 世紀 70 年代初,大體上經歷了六代。第一代樓型設

計成 "H" 或 "I" 型，高六七層，室內設計成狹長的一室，面積多為十一二平方米，供五六名成人居住。廁所、洗漱間、淋浴房公用，設在走廊上。後來，徙置大廈越建越多，性質也由安置災民向改善寮屋居民居住條件方向轉變。20 世紀 60 年代，廉租屋村出現了。

石硤尾村最早的徙置大廈已經被改造或重建，僅存的美荷樓也成了生活館，但走進 1962 年入伙的彩虹村紫薇樓，仍能感受到第一代公屋簡陋實用的風格：樓內每層都有一條几十米長的走廊，兩旁的幾十個鐵門裏面，就是一戶戶公屋人家。20 來平方米的空間，屋頭一門，屋尾一窗，一兩張上下鋪的床架在門旁，床尾隔出一個衛生間和一個廚房，都只有一兩平方米大小。

張女士的婆婆從 1962 年起就住進了紫薇樓一間公屋。張女士結婚後，也和丈夫、婆婆生活在一起。"當時，在香港能有這麼一個地方遮風避雨，就是有家了，就很知足了。" 張女士說。

新市鎮：公屋的“黃金時代”

　　1972 年，香港政府正式推出一項影響深遠的政策 ——“十年建屋計劃”，主要由政府建造公共房屋或改建此前的徙置大廈，建設公共屋村，廉價租給香港市民，改善他們的居住條件。此後，一些“含金量”較高的公共屋村出現了。

　　那個時代，公屋面積已得以擴大，室內設計受到重視，一房一廳一廚一衛的格局被大量應用，滿足都市人居家生活。為適應住戶密度大幅提高、公共空間需求日益急迫的現實，公共屋村留出大片空地配套建設兒童遊樂場、市場、停車場等設施。20 世紀 90 年代，屋村建設逐漸標準化。

　　那時的公屋供應較足，市民輪候時間較短，有的屋村還佔據著“絕版”好地段。“這樣的屋村，現在香港已經很少再有了。”沙田利安村一家社區組織負責人李林昌說。利安邨 1994 年入伙，依山勢而建，高低錯落有致，山林掩映，空氣清新。大片公共活動空間散佈在 5 座樓間，老人們在樹下的長凳上休息，兒童在遊樂場內玩耍，生活配套設施一應俱全。

　　隨著中心城區用地日益緊張，越來越多的屋村建設在中心城區之外，成了香港新市鎮的發源地。據了解，荃灣、沙田、屯門成為香港最早配合“十年建屋計劃”而發展起來的新市鎮。到 20 世紀 80 年代，大埔、元朗、粉嶺和上水相繼發展成第二代新市鎮；80 年代末及 90 年代初，天水圍、將軍澳和東涌也拓展出來，這就基本形成了當前香港公共屋邨，同時也是香港新市鎮的格局。

　　進入 21 世紀，香港可建公屋的地皮越來越少，公屋建成量有所下降，輪候時間延長，公共空間也受到擠壓。不過，公屋內部設計小巧而精緻，更加人性化。

　　2003 年寶達邨達佳樓剛剛入伙，張先生終於申請到一間。走進張先生的家中，棕黃的瓷磚鋪地，乾淨整潔，30 多平方米的空間，被設計成了三房一廳一廚一衛，足夠他們一家四口以及一名工人居住。夫妻飯後常坐在客廳一角的沙發上看電視，電視屏幕離人僅約一米。"公屋建設供不應求，輪候時間越來越長。能有這樣一間公屋，已經很幸福了。" 張先生說。

屋邨承載家的味道

　　"公屋單位是個讓人又想、又恨、又愛的地方。" 縱使百感交集，很多公屋住戶回想昨日，記憶中更多的依然是美好和溫暖，對公屋生活懷著眷戀之情——那是對家的感情。

　　傍晚洋溢到樓道裏蜜汁雞翅的香味，父母和孩子們邊吃晚飯邊討論成績單，鐵門被風吹閉，熱心的街坊拿著衣架幫助勾開⋯⋯溫馨的一幕幕，被《我們都是這樣在屋邨長大的》作者們，滿懷深情地記錄下來。

　　乙明邨是香港現存的少數有外露樓梯的公屋之一。曾幾何時，一到飯後，那裏便倚著許多納涼的街坊，談天說地，不時發出笑聲。深夜，也常有一些睡不著的街坊，煙頭在黑夜中明滅。"那不只是通道，更是街坊們的心靈港灣。" 一位市民說。

　　"我一生中最無憂、最快活的生活片段，都在那裏。""二十年的公屋生活，讓我更明白了 '家' 的真正意義。""無論日子過得如何，一家人緊密伴隨，相互扶持，那是人生最幸福的時刻。" 范永聰感慨地寫道，字裏行間，回憶滿載，美好充盈。（新華社香港 2020 年 2 月 25 日電）

共融樂團：一場特殊的音樂盛宴

丁梓懿

21 歲的吳嘉恩天生患有脊柱裂病，走路時步伐不穩，抬起沉甸甸的樂器也十分費力。但多年來，她提著重約 5 斤的圓號穿梭在大大小小的表演場地，樂此不疲。

她是香港共融樂團中的一分子，和其他十幾位團員朋友一樣，身體有殘疾，卻無損於才華，更阻止不了他們的音樂夢。

音樂夢想

在 26 日晚香港共融樂團舉辦的首場慈善音樂會上，小提琴手岑幸富格外引人注目。他持弓的左手竟然是一隻義肢。

2003 年，岑幸富在一場交通意外中失去左臂，曾因生活不便和害怕別人異樣的眼光而自我放棄，每天沉迷於打遊戲。直到有一天偶然接觸到小提琴，美妙的琴聲將他深深吸引，岑幸富便決定開始學琴。

用單手演奏小提琴並非易事，但他沒有被困難打敗，積極尋找適合義肢使用的小提琴來練習。後來，香港中文大學醫學院專門為他改良了更適合拉琴的左手義肢。現在，他正努力朝著演奏家的夢想進發。

另一名樂團成員李諾晞從小患有肢體障礙，長期使用拐杖走路，手部肌肉力量也不足。她與吳嘉恩是一對好朋友，之前來自同一所學校，都是校內管樂團成員。兩人從小開始接觸銅管樂，吳嘉恩是圓號手，李諾晞是小號手。

吳嘉恩小時候很怕吵，學習樂器以後，隨著表演次數的增多，她也增強

了信心,沒從前那麼怕生了。李諾晞也說:"成功吹會一首歌,就覺得很開心,很有成就感。"

目前,吳嘉恩在香港知專設計學院學習時尚品牌策劃及採購,李諾晞在香港專業進修學校主修基礎日語和潮流文化。學樂器是她們的愛好,有空時她們還喜歡畫畫、游泳。

圓夢推手

"這場音樂會糅合傷健音樂家的演出,讓一群來自不同地方、有不同背景的音樂家聚首一堂,合力為觀眾帶來精彩表演。"香港共融樂團召集人馬健生在音樂會上致辭表示。

馬健生此前為一個慈善基金組織擔任義務工作,主要幫助弱勢群體,特別是殘疾人士。基金組織希望她成立一個以殘疾人士為主而又不分國籍的交響樂團,並為他們舉辦一場大型慈善音樂會。

● 小提琴手岑幸富因交通意外失去左臂，他用右手架起小提琴，持弓的左手是義肢　丁梓懿 攝

　　馬健生動用各種關係，找到會展中心這個大型場地，並配套傷殘設施。繼而，立刻將樂團註冊為慈善音樂團體，進行商標註冊，還組織一隊義務專業團隊營運，包括財務專家、法律專才，以及音樂總監、管弦樂指揮、舞台總監等。

　　馬健生還邀請重量級嘉賓和優質短片製作團隊拍攝宣傳短片，請香港著名設計師為團員們設計表演服裝。

　　香港共融樂團督導委員會主席陳智思說，鼓勵熱愛音樂及有志成為音樂家的殘疾人士向自己的夢想進發，通過與職業樂手的交流，發展音樂潛能並走上專業國際級樂手的道路。

　　"學習樂器對傷健人士來講很不容易。"香港共融樂團指揮鄭永健說，與他們共同演繹曲目更是遇到不少困難：有些自閉的孩子不太理睬他人，也有樂手患有肌肉萎縮症不能長時間演奏，只能為他們量身定做排練。

"和他們相處時，需要更多耐心和細心。" 鄭永健說。聊起樂團中的成員，鄭永健如數家珍，他們的學校、年齡、興趣，他都能脫口而出。

盛宴開席

經過數月籌備，這場別開生面的音樂會終於開幕。音樂會分為 6 個篇章，香港著名歌手張學友壓軸登場，贏得全場歡呼。他與全體團員一起演繹了多首經典作品，身體力行支持這場格外有意義的盛會。

音樂會的舉行，與樂團成立的初衷一樣，都是希望能夠鼓勵殘疾人發揮音樂才能，將共融理念推廣開來。當晚的音樂會，從流程和編排等多方面都實踐了共融。

殘疾人士和健全人士間的共融、香港經典歌曲和西方古典音樂的共融、中西樂器的共融……除了有本地樂團和樂手參與外，音樂會還邀請海外著名藝術家和團體同台演出，包括德國圓號演奏家菲利克斯·克里澤，泰國視障交響樂團等。

現場還為聽覺障礙人士增設氣味項目，將輪椅位從 20 張增設到 110 張，提供手語翻譯和口述影像服務……這些貼心安排，是為照顧不同類型傷健觀眾而專門設置，將音樂會打造成了一場真正無障礙的音樂盛宴。

樂團中有一對患了自閉症和輕度智障的雙胞胎兄弟，他們從小練習小提琴，加入樂團後，有了不少變化：以前不和人說話，沒有耐心，總是跑來跑去。"現在和人們的交流開始多了起來，去樂團就像是回家。" 他們的媽媽欣慰地說。

讓人感動的是，兄弟二人之前所在的香港青少年管弦樂團的獎學金計劃為他們多次提供出國遊學的機會。過去幾年，兩人分別前往奧地利、英國、美國等國遊學，為音樂生涯又增添一份厚重的砝碼。

"希望這次音樂會盛事，除了帶給傷殘人士一個能讓他們充滿信心站在舞台上表演的機會外，也讓他們的天分被認同、被支持。" 馬健生說。（新華社香港 2019 年 11 月 29 日電）

一所群育學校的愛與希望

林寧

　　一曲《上海灘》的旋律在香港扶幼會則仁中心學校（以下簡稱則仁學校）的活動室飄蕩，一縷陽光照在中四年級學生賴偉聰圓圓的臉龐上。

　　這是尋常的一個上學日，賴偉聰和同學正練習吹奏薩克斯。他鼓著腮幫使勁吹，悠揚的旋律從他的手指下飄出。誰能想到他曾經是一個恐懼社交、厭學逃學的"問題少年"？

不給犯錯學生"記過"的學校

　　賴偉聰是則仁學校的"學霸"。在主流學校，"學霸"意味著學習好，考試成績佳；而在則仁學校，"學霸"除了學習能力強之外，還必須有正常的情緒管理和行為管控能力。

　　則仁學校是香港八所群育學校之一，創辦於 1974 年。"群育學校"是為各種學習困難的青少年兒童設立的特殊學校，最主要的任務是針對學生的情緒和行為問題進行輔導訓練。則仁學校主要服務於有學習障礙、情緒障礙及行為問題的學生。這裏的學生有的自閉、抑鬱，有的讀寫困難、閱讀有障礙，等等，被特區政府教育局轉介到此。

　　賴偉聰原本就讀於一所"一類"學校，但因為恐懼社交，進而厭學、逃學，被轉到則仁學校。

　　初來乍到時，賴偉聰和他的父母承受著被名校拋棄的失落感。他看到了如電影《逃學威龍》般的課堂：不管老師如何苦口婆心講課，總有學生自顧自睡覺，或是突然之間在課堂吼叫……

　　每當發生突發狀況時，老師總會先穩住學生情緒，然後在訓導主任和社

工協助下，把"問題學生"與其他學生隔離開，確保一個人的失控不會影響他人。

老師的專業和耐心，讓賴偉聰感到安全。

漸漸地，他在這裏找到了歸屬感："在則仁學校，一名老師教八九個學生，每個學生的需求都能被關照到。"這裏還有與學生及家長密切溝通的社工、當發生衝突時充當調停角色的訓導主任。

"我們不會給做錯事的學生記大過，學生犯的每個錯都有其價值。"在則仁學校當了 15 年訓導主任的冼景揚說，老師絕不允許體罰學生。老師要做的是找到犯錯的源頭，分析原因，幫助學生改正錯誤並且避免下次再犯。

有讀寫困難、還抽煙喝酒打架的小黃（化名），就是冼景揚教過的學生。連續轉了三所學校之後，父母抱著"甩包袱"的心態把他送到則仁學校。

起初，小黃總是不斷和同學及老師發生衝突。冼景揚每次都會深究衝突的原因，這讓小黃覺得冼老師就事論事，不是針對他個人，慢慢開始轉變。

冼景揚發現小黃特別有運動天賦，就常常帶他去做義工，讓他在助人為

樂中找到自信。

受冼景揚的鼓舞，小黃決定靠體育專長考學，戒掉了煙酒。三年之後，他考取了海外一所大學的體育專業，今年讀大四了。"這孩子說畢業後要當體育老師，幫助和他有過相似經歷的學生。" 冼景揚說。

用關愛 "點石成金"

則仁學校是一所男校，招收小學三年級到中學六年級的學生。小三到中三年級的學生必須住校，週末才可以返家；中四到中六年級的學生可以選擇走讀或是住宿。"環境對學生的影響不容忽視，所以住校能夠更好地引導學生情緒管理和規範行為。" 冼景揚說。

賴偉聰住校。每天早上 7：30 起床，8：30 到教室上課，下午可以在宿舍自修，或是返回課室參加興趣活動班，晚上有一個半小時的自習時間，大約21：30 熄燈睡覺。

　　規律的生活讓賴偉聰慢慢消除了社交壓力，專注學習。

　　集體生活也讓來自問題家庭的學生感受到溫暖。在此工作了三十多年的社工主任黃秉堅介紹，大多數學生來自單親家庭，普遍缺少父母關愛。曾有一名13歲的學生，父母離異後各自重組家庭，他在極度孤單中對黃社工說："希望下輩子能投胎到一個好的家庭。"

　　黃社工總會在節假日時，帶著無家可歸、依然留校的學生吃頓大餐，一個披薩或一個漢堡就能讓他們心滿意足。

　　黃社工還會觀察每個學生的特長和興趣愛好，幫他們"圓夢"。

　　賴偉聰喜歡歐洲文學，由於表現優異，學校資助他在校外上法語課。最近，他又開始學習吹奏薩克斯。

　　來自巴基斯坦的學生納西爾·汗，是黃社工口中的"天才導演"，喜歡用手機拍攝和剪輯視頻。他六歲隨父母來到香港，九歲來到則仁學校就讀，已唸到中六。"老師從不逼迫我做事，尊重我的興趣愛好，尊重我的宗教信仰，我覺得在這裏像在家一樣。"他說。

納西爾·汗說，他希望到內地唸大學，將來畢業後首選職業是警察，其次是影視製作者。

與黃社工幾乎形影不離的陳宇航同學，學習古箏彈奏。當被問到如果將來"發達了"會怎麼樣？他說："我一定要宣揚我是則仁學校畢業的。"

求學路上的"中轉站"

作為一所群育學校，則仁學校的定位是"中轉站"。老師希望學有成效、解決了情緒問題的學生能重返主流學校。

則仁學校小學部大約有七成學生會回歸到主流學校就讀。

有的學生不想被貼上"情緒病"的標籤，選擇隱瞞就讀過則仁學校的經歷，有的學生則以則仁學校為驕傲，惦念著那裏善解人意、充滿愛心的老師。

"我們一樣覺得桃李滿天下，即便學生不承認唸過這所學校，只要有利於他們回歸主流學校，我們也感到安慰。"則仁學校助理校長鄭全金說。

則仁學校中學部的畢業生，大約一半通過考學可以進入大學就讀；剩下的一半學生可以取得中學文憑，繼續接受職業培訓，投身社會，自食其力。

一些原本被放棄的孩子，經過則仁學校的洗禮後，獲得了再出發的機會。

平時，則仁學校不僅舉辦豐富多彩的興趣活動，還加強與內地學校的聯誼交流。

2016 年，則仁學校與深圳市坪山區光祖中學締結為姊妹學校，兩校師生定期往來深港兩地交流。

疫情下，綫下交流搬到了綫上。

去年 11 月，兩校師生以"探索中華文化"為主題，同上一節直播課。則仁學校老師主講英語課《我們喜愛的食物》，光祖中學老師用普通話主講《中華文化根》。

則仁學校校長郭智穎說："群育學校和主流學校的學生是平等的，一樣需要探尋浩瀚的中華文化，厚植愛國主義情懷。"

那堂直播課上，賴偉聰積極發言，在場報道的攝影記者拍攝並發表了他的照片。

　　一個午後，賴偉聰在學校的露天桌椅上安靜地寫作業。太陽照著他寬厚的背脊。黃社工拿著彩色打印的媒體報道照片遞過去：“你上報紙啦，快拿回家給你媽媽看。”接過照片，賴偉聰眼裏閃閃發光，這是他和同學們第一次被媒體報道。

　　“這是給媽媽最好的禮物。”賴偉聰小心地將照片收好，笑容溢滿圓圓的臉。（新華社香港 2022 年 1 月 9 日電）

三位香港跨境貨車司機的口岸故事

朱宇軒

卸下近 30 年的辛勤和忙碌，63 歲的香港司機莊榮不用再跑下一趟貨車了。

20 世紀 70 年代末期，隨著內地開始改革開放，不少港商將殷切的目光投向深圳河的另一端。1978 年，文錦渡口岸正式開放通車，貨運汽車可以直接進出香港和內地兩地運營，粵港通關邁出了歷史性一步。

跨過深圳河，是無數同莊榮一樣的香港貨車司機的工作常態。幾十年間，他們駕駛貨車，滿載一趟趟貨物，往返於內地和香港，見證了港深越來越密切的聯繫，也見證了內地越來越"靚"的發展。

文錦渡口岸開啟貨運生涯

20 世紀 80 年代，受惠於改革開放政策，香港轉口貿易發展如火如荼。葵涌貨櫃碼頭上，碼頭工人熱火朝天搬卸貨櫃，日均處理超過一萬個標準貨櫃。雪花般的訂單從內地傳來，催生越來越多香港人投身跨境貨運行業。莊榮就是其中一員。

"當時我給一家染料廠送貨，一個月扣除人工等雜七雜八的費用，也就剛夠生活了。但跑運輸一個月可以掙一萬多（港元），比只在香港跑的司機高，而且我還可以去內地看看，了解自己的祖國。"莊榮說。

莊榮是柬埔寨第三代華僑，不滿 15 歲時便和家人來到香港。一場大火後，染料廠倒閉了，沒生意可做的莊榮便和朋友合資買車牌，在繳納了十幾萬

● （上）2020 年，黃偉昌駕駛貨車，在深圳灣口岸排隊返回香港　受訪者 供圖
● （下）1987 年，文錦渡口岸，香港車隊在等待過關　邵軍 攝

港元的牌照費後，於 1987 年正式成為了一名跨境貨車司機。

　　貨車裏是什麼？衣食住行，樣樣皆有。莊榮們從香港的貨櫃碼頭將進口的糖果、罐頭和衣物裝車，經陸路口岸運至廣東省各地，再把汕頭的瓷器、江門的藤製家具運至香港碼頭，銷往新加坡和歐美。

　　文錦渡口岸是莊榮跨境貨運職業生涯的起點。跑一趟汕頭前，莊榮笑稱自己就像應對饑荒一樣在超市"掃蕩"，準備好三天三夜的食物和水，從葵涌碼頭提取貨櫃後，立刻趕赴文錦渡口岸，等待人工報關。

"文錦渡口岸很小，都擠滿了車，而且人工報關效率不高，特別擁擠，我們經常一等就是十幾個小時。"莊榮回憶說。

跑貨運非常辛苦，但酬勞也高，靠著奔波打拼，莊榮在香港置業，日子一天天地富足起來。

"20世紀90年代，香港貨運業發展特別紅火，我一個月可以拿到兩萬多（港元）。在內地運貨時，當地居民都說我們是'萬元戶'。"莊榮笑著說。

鋼絲繩封條和貨車"三件套"

隨著深港兩地經貿來往日益密切，往來兩地的貨運需求大幅增加，尤以公路貨運增長幅度最大，僅靠文錦渡一個口岸已不足支撐。20世紀80年代中後期，港深兩地在文錦渡口岸以東和以西分別設立了沙頭角口岸和落馬洲—皇崗口岸。

跑跨境貨運逾20年，香港司機鄧志偉至今還記得90年代初次通關時，貨車過關步驟繁瑣，出入境檢查十分嚴格。以香港至東莞的貨車為例，貨車在香港的落馬洲口岸清關，開車抵達深圳的皇崗口岸後，需要把貨車車廂門把手及貨櫃櫃門鎖上鋼絲繩封條，到了目的地東莞才能拆封清關。

駛出口岸、抵達深圳後，鄧志偉眼前的景象也與香港的高樓大廈截然不同：目之所及大多是空地和荒地，路邊幾乎沒有路燈。

"上世紀的深圳跟現在完全兩樣，路邊都是樹，還有魚塘，路面也不平整。"莊榮補充說，當時香港貨車在內地行駛須遵循指定的路綫安排，從深圳前往廣東省各市，沿途沒有飯店、旅館或服務站，為爭分奪秒運貨，司機普遍通宵趕車。

疲勞駕駛下，司機們很容易出交通事故，因此貨車上大多備有"三件套"：一條大鐵鏈、一個水桶和一個後備胎。

"當時路不好走嘛，下雨時地上還有泥，貨車陷在路旁無法動彈時，過路的司機可以幫忙用一條鐵鏈把困住的貨車拉出來。水桶是我們用來接水洗臉、刷牙的，備用車胎則可以替換被扎破的輪胎。”莊榮解釋說。

2000 年後，香港和深圳分階段擴充了港深之間的口岸設施，逐步推進電子報關系統，簡化清關手續、加快清關速度，進出深圳越來越便捷了。2007 年，深圳灣口岸開通。駛過深圳灣大橋，鄧志偉首次體驗“一地兩檢”便捷通關模式，還看到深圳灣附近矗立起越來越多的高樓。

內地發展越來越好，鄧志偉的跨境貨運業務也越做越大，並於 2015 年成立了一家跨境物流公司。“現在的深圳灣口岸高樓幢幢，文錦渡口岸附近也是燈火通明。”鄧志偉感慨地說。

口岸更多選擇　通關更加便捷

2020 年 8 月 26 日，港深間第五個陸路貨運口岸 —— 蓮塘 — 香園圍口岸正式啟用，為實現兩地跨境貨運“東進東出、西進西出”通關新格局打下重要基礎。“新口岸客、貨運分開，人車直達。”鄧志偉說。

“口岸增加了，設施更加齊全，過關方便很多。”跑了十多年跨境貨運的司機黃偉昌說。

跟當年幾乎所有貨車都在文錦渡口岸排起長龍不同，黃偉昌有了更多的選擇：前往珠海可以走港珠澳大橋，往粵西可以走港深間的陸路口岸；如果工作太晚，則可以走 24 小時通關的落馬洲 — 皇崗口岸。

“正常情況下，1 小時就可以通關。跟人工清關不同，我們現在實行電子報關，清關時打電話、網上填報都可以。”黃偉昌說。

不僅通關更便捷，黃偉昌注意到內地的新變化不勝枚舉：一條條高速公路穿行在城市間，沿途有了數不勝數的飯店、酒店和汽車服務站；貨車經過收費站時，電子不停車收費系統可自動扣除貨車經行費用；微信等電子支付流行起來。

近年來，國際上轉口港競爭激烈，與跨境貨運的黃金期相比，如今香港的貨運訂單減少，而工作強度大，跨境貨車司機這一職業對年輕人的吸引力已經大不如前。

　　今年 36 歲的黃偉昌告訴記者，現在很少有年輕人願意從事跨境貨運了，"不過我們這行朋友多，彼此會分享訂單，哪裏有貨，我們就能去哪裏"。

　　包括莊榮在內的不少初代跨境貨車司機已經退休，新一代的香港司機們正駕駛著貨車，行駛在條條高速公路上。車窗外，內地的面貌正日新月異。（新華社香港 2020 年 11 月 1 日電）

香港漁民：
與海共舞，百折不撓

查文曄

香港，西貢岸邊。

小艇劈波斬浪，將深藍色的海水犁開一道道白色的波紋。岸邊的沙灘、山石，飛速地向後退去。海風吹在臉上，分外凜冽。

船行 10 多分鐘，一座由多個巨大網箱組成的漁排映入眼簾，五星紅旗和紫荊花區旗矗立其上，迎風招展。

"歡迎你們啊！"漁排主人梁錦明熱情地和我們握手，"香港以前是個小漁村，但你們還沒見過香港的漁民吧？哈哈。"

身材健碩，皮膚黝黑。49 歲的梁錦明理著平頭，一身橘紅色的風衣，在海水的映襯下十分耀眼。春節期間，正是市場需求量大的時節，他和同事們從節前開始就忙個不停。

按照漁民的習俗，過年要拜天后，在漁船漁排上貼揮春，祈求風調雨順，闔家平安。梁錦明說，去年受疫情影響，銷量有些下滑，但產量穩定。今年是虎年，希望疫情儘快過去，漁民生龍活虎，事業迎來豐收。

坐在甲板上，梁錦明聊起了他的故事。

與海共舞的少年

"我是土生土長的香港人，爸爸是流動漁民。小時候我在漁船上長大。"因為家庭的關係，梁錦明對深邃的海洋並不陌生。

父親捕魚，他跟著在漁船上玩耍。當時漁民給船上的孩子身上拴條繩

子，以確保安全，但對他沒用。好幾次船正在航行，活潑好動的梁錦明走來走去，一不小心掉進海裏，險象環生。

"可能是我太調皮吧！"直到現在，他還記得水下的幽暗和耳邊螺旋槳的轟鳴。"當時腦袋裏一片空白，是爸爸、哥哥把我拉上來的。與大海打交道是一件危險的事，也有朋友不幸離開了我們。"

大海風高浪急，漁民的工作不分日夜。就在許多人上岸尋求安穩生活的時候，梁錦明選擇了繼承父業。那一年他 24 歲，已在旅行社、清潔公司、裝修公司等工作過。

"以前父母捕魚來賣，被貿易商剝削，人家說多少錢就多少錢。我想不如自己去做一個貿易商，希望價錢公道一些，能幫到父母和其他漁民。"說起初衷，梁錦明忘不了父母付出的辛勞。

● <u>在香港西貢海域，一艘小艇穿過網箱組成的漁排</u> 李鋼 攝

"那時不像現在，青年的要求不高，能兩餐溫飽就很滿足了。"別人覺得漁業枯燥、辛苦，他卻從中找到樂趣。"我喜歡大海。捕魚、養魚、賣魚，能把美味的食物與家人、顧客分享，我很有成就感。"

就這樣，梁錦明一頭扎進大海，與海共舞。

條條皆辛苦

捕撈、養殖、銷售，香港、內地、遠洋。20 多年來，梁錦明憑著一股韌勁，一步一個腳印把小小的漁船航向深海，養殖的品類和產業鏈條逐步擴大，闖出屬於自己的一片天。

踩著網箱之間搖搖晃晃的浮橋，梁錦明帶我們參觀他的漁排。一個個十幾米深的網箱中蓄滿了海水，色彩斑斕、形狀各異的魚兒在其中游動。"金錢斑、沙巴龍躉、黃臘鯧、石蚌，牠們都是養殖魚中的名貴品種，價格不菲。"

"一條小金錢斑 400 克，我要把牠養到 10 公斤重，1 斤能賣 130 港元。"現在，梁錦明在香港的養殖基地達 1000 多平方米，上述魚類年產量 10 萬多條，銷售額近 300 萬港元，規模在同行中居於前列。

養魚很辛苦。凌晨四五點天還沒亮，梁錦明就要起身給魚兒準備"早餐"。"小魚和大魚不一樣，小魚長身體，一日三餐，大魚一日一餐。餵少了不行，多了也不行，魚會得腸胃病。"

餵完食，一天的工作才剛開始。魚的生長需要清潔的環境，網箱髒了要清洗，還要給魚"沖涼"清除寄生蟲，哪一樣都不能掉以輕心。

無論風吹日曬，漁民日日如此。養魚風險很大，用梁錦明的話說"今日不知明日事"。紅潮、颱風、暴雨，都可能將漁民的心血毀於一旦。

2006 年和 2015 年，紅潮兩次襲擊西貢海域，大量魚群死亡。梁錦明的漁排也損失慘重，他心裏難受。許多漁民放棄養殖，轉行做起了其他生意。

"我們還年輕，失敗了就重新再來過咯，不可以放棄的嘛！"時隔多年，他的語氣雲淡風輕，但懂行的人都知道，重新來過的經歷絕不輕鬆。

如今，在特區政府的支持下，漁民用上了先進的實時監測系統。海水溫度、含氧量、鹽度等數據，在手機上就能看到。如果紅潮來襲，系統會提前預警，梁錦明再也不用提心吊膽了。

為了提升銷路，梁錦明創立了批發零售公司，採用速凍技術，只需要 15 分鐘，就能完成對魚的冷凍處理，保持鮮魚的口感。

"地裏的糧食粒粒皆辛苦，魚兒也一樣，條條皆辛苦。不能說怕辛苦就不做，沒有不勞而獲的事。" 說到這裏，梁錦明淡淡地一笑，眼神篤定。

水大才能魚大

在傳統的魚類養殖之外，梁錦明獨闢蹊徑，開始在香港漁業提升基金的資助下養殖珍珠。"香港是 '東方之珠'，但養殖珍珠的人卻很少。我養的是馬氏珍珠貝，我們自己插核，一年左右就可以開珍珠。"

"蚌肉可以做 XO 醬、炒菜、煲湯，珍珠可以做項鏈、耳環，磨成粉後還可以做中藥。我們正在研發珍珠面膜和珍珠香皂。" 現在，他與香港專業教育學院、香港知專設計學院師生合作設計生產的 "漁願" XO 醬系列食品已上市。

展望未來，梁錦明認為香港漁業應該積極融入粵港澳大灣區，拓展發展空間。2020 年，他入駐了惠州粵港澳流動漁民產業園，次年開始正式生產，目前已有深水養殖網箱 15 個，產品在內地和香港都有銷售。

2022 年起，國家正式施行《港澳流動漁船漁民管理規定》，明確要求各級政府及有關部門應制定、完善便利流動漁民在內地發展的政策措施，鼓勵和支持流動漁民產業轉型升級，發展水產養殖和休閒漁業等。

梁錦明十分感謝國家和特區政府對香港漁民的關心與支持。"香港資源有限，沒有飼料廠，沒有自己孵化的魚苗，工人難請。大灣區就不一樣了，水大魚大。國家的支持和幫助，對我們很重要。"

每逢回歸紀念日和國慶節，香港漁民團體都會組織漁船巡遊。梁錦明是活動的積極參與者，看到五星紅旗和紫荊花區旗在維港高高飄揚，他倍感自豪。他說，愛國愛港的精神需要傳遞給更多人。

　　"香港是國際大都市，但也是從一個小漁村發展起來的。漁業是香港重要的文化底蘊，是香港歷史的根。"梁錦明說，人總要吃飯，漁業永遠有得做，他會繼續在這一行拚下去。（新華社香港 2022 年 2 月 13 日電）

五

守望

樹木在森林中相依偎而蓬勃，星辰在銀河中相輝映而璀璨。守望相助、共擔風雨，是根植於中華民族血脈的文化基因，也是東方明珠"小天地 創天地"和戰勝困苦挑戰的精神力量。

在真情湧動的"香港故事"裏，閃爍著"既是同舟 在獅子山下且共濟"的熠熠星光。

面對洶湧的疫情，中央政府和祖國人民全力支持香港攻堅克難，仁心仁愛、守護生命，殷殷之情、血濃於水。在時光的流轉中，彼此守望、心手相連、你幫我助，無時無刻不彰顯著"香港始終有你"的溫暖之情。回望歷史的深處，守護不能忘卻的記憶，引領這座城市在思考與覺醒中篤信前行⋯⋯

人間有愛、情暖香江，循著獅子山下並肩前行的腳步，將這手足相親、齊心協力的守望之情、攜手之誼不停地傳遞下去。

（孔張豔）

馳援！內地援港核酸採樣隊員的抗疫故事

查文曄

　　"我是在手術台上接到通知的。當晚回家收拾行李，第二天下午就出發赴港了。"對於廣州中山大學附屬第一醫院副院長張弩來說，香港並不陌生，但這次出差堪稱十萬火急。

　　為什麼這麼急？因為香港疫情嚴峻。大敵當前，中央及時伸出援手，將控制疫情作為壓倒一切的任務。2 月 19 日，由廣東省醫療界精兵強將組成的第二批內地援港抗疫醫療防疫工作隊抵港，全力配合特區政府開展工作，包括 106 名核酸採樣隊員。從那時起，張弩有了一個新身份 —— 核酸採樣負責人。

　　記者來到香港馬鞍山遊樂場，實地探訪內地援港核酸採樣隊員在抗疫一綫的工作。

"以前要等四五個小時，現在半小時不到"

　　早上 9 點 30 分，距採樣開始還有半小時，場外已有 20 多人排隊等候。這個坐落在大型屋村中間的遊樂場，設有足球場、籃球場和小公園供居民休憩娛樂。由於疫情，體育活動早已停止，空曠的場地上搭建了 20 多個藍色帳篷作為採樣工作間，身穿白色防護衣的隊員們正在忙碌。

　　"抵港後，我們首先與香港同事交流，熟悉這邊的採樣流程。"張弩介紹，兩地在具體操作上有些不同，例如內地採用咽拭子、10 人混檢，香港採用咽拭子與鼻拭子混合、單人單檢。隊員們經過培訓，很快便熟練上手。

　　上午 10 點，採樣開始。排隊等候的市民魚貫而入，在工作人員指引下進

入工作間，摘口罩、鼻拭子採樣、咽拭子採樣、戴口罩。採樣員動作銜接有序，一氣呵成。來檢測的有坐輪椅的老人、懷抱嬰兒的家長、上班的白領，還有外籍人士。隊員們分別使用粵語、英語，細緻溝通，順利完成採樣。

　　"感謝內地來的醫護人員！香港疫情這麼嚴重，人力不夠，多虧有你們支援。"年過六旬的林先生激動地說。此前林先生曾不幸染疫，現已轉陰，需要經常做核酸檢測。"以前要排隊等四五個小時，現在半小時不到，第二天就能出結果，方便多了。"

　　2月20日起，100多名隊員投入到元朗、油尖旺、北區、馬鞍山、土瓜灣5個檢測點開始工作。每天上午10點到下午6點，隊員們分成兩班，平均一天採樣3000多人。截至3月10日，共為6萬多名市民提供服務，有效緩解了香港的檢測壓力。

與病毒短兵相接

　　在巨大檢測量的背後，是日復一日枯燥重複的動作，更是充滿風險的採樣過程。就在感染者張大嘴巴"啊——"的一瞬間，傳播力極強的奧密克戎

病毒很可能隨著呼吸進入空氣，造成感染風險。小小的採樣工作間，如同與病毒短兵相接的戰場，考驗著隊員們的勇氣。

　　"每天約有七八名初篩陽性患者前來檢測，他們都會事先告訴隊員。" 護理隊長徐朝豔說，這是工作常態，大家並不緊張。隊員們有一套詳細流程為患者提供幫助，同時做好防護，嚴格按照規範穿戴防護衣、N95 口罩、面屏、手套、鞋套，穿脫防護衣的過程兩人一組，互相監督、消毒。

　　初春的香港，乍暖還寒，快速上升的疫情令人焦慮、壓抑。2 月下旬，多年不遇的寒潮襲港，狂風曾把採樣帳篷掀翻，把隊員的穿衣鏡打碎。3 月上旬，天空放晴，當市民換上短袖，採樣隊員穿著從頭到腳的防護衣，常常汗流浹背。冰火交替，考驗著隊員們的意志。

　　"他們很辛苦，每天約有 6 小時要穿著防護服，期間不能吃東西、喝水，也不能去洗手間。每次摘下口罩，滿臉都是勒痕。不少隊員告別年幼的孩子，毅然請纓來港，每天只能通過微信和孩子交流。" 在張弩眼中，大家克服了多重困難，在 "兩點一綫" 的繁忙工作中表現出色，令他自豪。

疫情下的馬鞍山遊樂場，花木依然繁盛，但平時休閒鍛煉的人們已難見蹤影，取而代之的是紅白相間的路錐、維護通道的膠帶和蜿蜒曲折的隊伍。在疫情肆虐的洪流中，這裏彷彿救生的小島，向市民們傳遞著寶貴的希望與信心。

有位女士痛覺敏感，不太敢做採樣，但覺得隊員司徒妙瓊撩喉嚨輕柔，態度耐心，諮詢也有收穫，於是第二次專門找她來採樣。類似的情況發生在不止一位隊員身上，越來越多"熟面孔"的市民前來採樣，還有市民慕名遠道而來。

"醫病、醫身、醫心，救人、救國、救世。這是我們的醫訓，也是不能忘卻的初心。"來自中山大學附屬第一醫院的司徒妙瓊說。

用生命守護生命，用心靈溫暖心靈

司徒妙瓊、徐朝豔、鍾劍青、胡智坤、王萍……當隊員們穿上防護衣，戴上口罩，唯一可以識別身份的，就是標註在防護服上的名字。雖然看不到隊員的表情，但能聽到耐心的聲音，看到關愛的眼神，對許多香港市民來說，這令他們感到安心。

醫者仁心，仁者愛人。當一個生命守護另一個生命，一顆心靈就被另一顆心靈所溫暖。

許多市民坐下來對採樣隊員說的第一句話是："唔該你（謝謝你）"，離開前最後一句話是："辛苦晒，多謝晒（辛苦了，多謝了）"。還有市民特意叮囑，"你們一定要保重身體，你們健康我們才能更健康"。

"隊員們收到了不少致謝的賀卡。有一張上面是戴著口罩、舉著五星紅旗的 3 個'冰墩墩'，寫著'來自祖國的檢測及醫護人員，謝謝！辛苦了！'還有一位市民忘了帶紙，將感謝的話寫在紙巾上送給我們。"談起香港市民的認可與感謝，張弩和同事們心裏很暖，成就感油然而生。

"一天，一位媽媽指著我語重心長地對孩子說，姐姐從很遠的地方過來幫

忙，你要學會感恩。孩子便很認真地對我說，謝謝。"曾於 2020 年來港支援抗疫的司徒妙瓊感慨地說，乘車上下班時，路旁的行人、司機常會伸手為隊員們加油、點讚。這些暖流點滴彙聚在隊員們心頭，化為他們前行的動力。

3 月 9 日，香港特區政府宣佈了一系列新的抗疫措施，目前疫情指數式快速上升的勢頭已基本得到遏制。

"有中央全力支持，有香港社會各界齊心協力，一定能把疫情壓制下去。"張弩透露，特區政府有關部門已經請內地專家為未來可能開展的全民檢測提供建議。

隊員鍾劍青在日記中寫下這樣的句子："安靜的街道沒有記憶中喧鬧，空蕩的櫥窗失去了商場的塵囂，可愛的笑容在口罩底下與人作別。大疫情下，小口罩裏，我感受到每個香港市民對生活回歸正軌的渴望。"

香港抗疫工作仍很艱巨，但曙光就在前方。沒有一個冬天不可逾越，沒有一個春天不會到來。

司徒妙瓊說，等疫情過去，她希望帶上家人再來香港旅遊，再來到這個遊樂場，看看盛開的鮮花，看看嬉戲的兒童。（新華社香港 2022 年 3 月 16 日電）

"德叔"的第 12 次抗疫出征

蘇萬明

"患者在哪裏，我的戰場就在哪裏。" 多次投身抗疫一綫、人稱 "德叔" 的張忠德，近期正在香港再一次實踐他的諾言。

張忠德是廣州中醫藥大學副校長、廣東省中醫院副院長。新冠肺炎疫情爆發兩年多來，他多次逆行出征。武漢疫情爆發不久，2020 年 1 月 24 日，農曆大年三十，他就臨危受命馳援武漢，連續奮戰了 73 天。

完成任務後，張忠德作為全國新冠肺炎醫療救治專家組成員，又先後參加了 10 場疫情防控救治工作。東到江蘇、南到廣東、西到甘肅、北到遼寧，他已在全國 10 個城市留下抗疫足跡，累計支援各地 266 天。

今年 3 月 16 日，張忠德再次披上 "白袍戰衣"，義無反顧踏上第 12 次抗疫征途。這次他帶領一支 300 人的醫療隊，目的地是第五波疫情正在肆虐的香港。

雖然有所準備，但是來到香港後，疫情之嚴重還是讓張忠德驚心。今年年初開始的這波疫情來勢洶洶，高峰時期連續多天每天有數萬名患者確診，部分老年患者不幸去世。

"我自己曾經就是一個重症非典患者。" 張忠德說，他 2003 年曾在一綫抗擊非典不幸被感染。那時他曾幾天幾夜高燒不退，胸口好像被石頭壓著，呼吸艱難，心跳異常厲害，沒有一點胃口。親友們一度以為他活不過來了。

"我們必須幫助他們。" 張忠德不假思索地說，他太了解病人的痛苦，太了解他們患病期間的寂寞、無助、焦慮和恐懼了。

作為從醫幾十年的醫務人員，救死扶傷的責任擔當已經深深烙印在他的心裏。"當有的地方突然爆發疫情，超出了當地醫療系統承受能力，需要我們幫忙，我們責無旁貸，肯定要擇善而行。" 張忠德說，"抗疫就像救火，現在香港需要內地支援，我們一定不負醫務工作者的專業素養和職業操守，不負血濃於水的同胞之情。"

援港抗疫，張忠德是有底氣的。在此前近 20 年的幾次大疫病防治中，尤

- （上）張忠德在香港接受新華社記者專訪 吳曉初 攝
- （下）張忠德被大家稱為"德叔" 吳曉初 攝

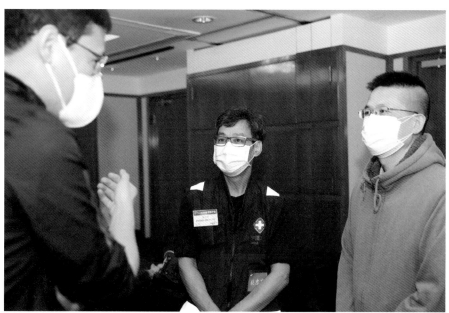

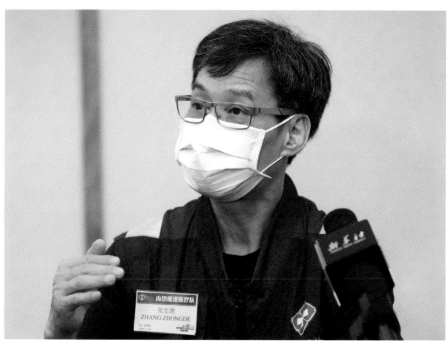

● 時任行政長官林鄭月娥送別內地援港醫療隊，醫療隊向林鄭月娥贈送簽名防護衣　李鋼 攝

其是抗擊非典中，既是醫生又是非典康復患者的親身經歷，以及中醫藥已經在應對突發傳染病上形成了一套很好的理論體系，這些都讓張忠德面對疫情臨危不懼。

張忠德是呼吸急危重症、新發突發傳染病救治工作專家，有深厚的中醫功底和豐富的救治經驗。此次出征的 300 人內地援港醫療隊，是他支援抗疫歷程中帶隊人數最多的，其中有防控、救治、護理等各方面的專家。

此時的香港，抗疫工作的重中之重是減少死亡、減少重症、減少感染。然而，隨著確診病例短時間內大量增加，香港公立醫院醫護人員嚴重不足，特別是在危重症患者救治方面，急需支援。

香港的醫務人員雖然每天極度疲倦，但依然堅守崗位、永不言棄，這讓張忠德非常動容：「我們從心底裏敬佩他們，隊員們下定決心，與他們同心抗疫。」

醫療隊抵港後，便馬不停蹄投入抗疫。他們先是熟悉亞洲國際博覽館（亞博館）新冠治療中心的工作環境、運作模式、工作程序和相關的操作系統。

　　"我們的隊員三天就全掌握了，所有考核都合格，可以開展工作了。"張忠德說，香港醫管局的醫生護士們對醫療隊雪中送炭也滿懷感激，熱情地幫助醫療隊。

　　接著便是進入病區熟悉患者病情，分析、完善診療方案。醫療隊在醫管局的支持下，對管區內患者的症候特徵進行詳細採集，並開展個案研討，掌握每一個患者的病情變化，然後對患者尤其是老年患者的病情進行了分析、歸納、總結。

　　張忠德等內地醫師和香港同仁一起，協助香港醫管局完善診療方案，並在得到允許後開始應用。

　　目前，所有進入亞博館新冠治療中心的病人均會接受中西醫團隊共同評估，如適合接受中醫藥服務，團隊會在病人自願參與的情況下及時提供。通過近期治療，中醫對患者的咳嗽、咽乾、乏力、納差、便秘等主要症狀有較好的改善作用。現在，中西醫團隊共同值班、巡房、診療，合作無間，中西醫協同的診療模式也得到了香港醫管局的認可。

　　"當前的診療方案實際運行效果非常好。這是香港和內地醫師團結合作的結果。"張忠德說，目前醫療隊和香港醫管局還在就方案的治療效果進行動態總結，不斷根據患者症狀改善程度，因人、因時、因地動態調整。

　　在各方的艱苦努力下，香港確診病例數、重症病人數、死亡人數都呈下降趨勢。

　　內地和香港醫護人員在攜手抗疫過程中，也結下了深厚的友誼。"內地和香港醫務人員的融合超出了我們的想像。我們交流合作非常好，大家互相支持，融為一體。"張忠德說。

　　他希望疫情過後，雙方繼續加強合作交流，加速醫務融合進程，比如利用香港國際大都市的優勢，加速中醫藥走向世界。

　　張忠德相信，在香港特區政府的帶領下，在香港各界的共同努力下，"大家繼續團結一致，疫情防控會有圓滿的結果"。（新華社香港 2022 年 4 月 18 日電）

香港抗疫車隊：疫情下逆行的"紅飄帶"

張玥　萬後德　許朗軒

口罩、面罩、手套、隔離服、消毒酒精……沙文雄確認後備箱裏的防疫物資充足，熟練地穿好藍色隔離服，坐進駕駛室，拿出新冠快速自測盒做每日出車前的檢測。雖然每天都做了防護和消毒，但是等待結果的幾分鐘，他仍有些忐忑。

"一道槓，是陰性。"沙文雄舒了一口氣，繼續戴好口罩、面罩和手套，等待調度中心派單，去接患者。

疫情下，越來越多香港人無奈停工，選擇居家，但也有很多像沙文雄一樣的人選擇"逆行"，加入抗疫車隊。

"我想為香港出點力"

72 歲的沙文雄有些清瘦，但十分硬朗。曾做了十幾年的士司機的他熟悉香港的大街小巷。

農曆新年後，香港特區政府收緊疫情防控措施，晚 6 點後餐廳禁止堂食。疫情下，曾經燈火璀璨的街市生意蕭條，路上行人稀少。

"這樣的香港我都不認識了，心裏真鬱悶。"沙文雄坐不住了。

2 月中旬，沙文雄看到了由香港特區政府購買服務、設立抗疫的士車隊專門負責接送初步新冠確診者去診所的消息，便決定加入。

2 月 22 日，加入抗疫的士車隊的前兩天，沙文雄的弟弟一家被確診新冠肺炎，怕乘坐公共交通會感染他人，只能在家"自救"。沙文雄更加堅定了決

心。"別人可能正在幫助你的家人，你也應該儘量幫助別人。"他說。

抗疫的士通過香港醫管局預約平台統一派單，免費搭載新冠患者就醫，每個司機每天能接六七單。按照規定，乘客被要求坐在的士後座，行駛過程中全程開窗通風。

宋一龍通過沙文雄介紹加入了抗疫的士車隊。"說不害怕是假的，這兩天車友群裏有人說要'休息'幾天，不能開工，那就是感染了。"他說，前兩天他把一名重症患者安全送到醫院後，趕緊用酒精給車內消毒，但是想到自己幫助患者及時就醫，心裏還是覺得很安慰。

● "愛心抗疫車隊"的陳智傑在對出租車進行消殺清潔　新華社 發

"有錢出錢，有力出力"

北大嶼山醫院香港感染控制中心是香港收治新冠患者的指定醫院之一。從柴灣到北大嶼山醫院，45 公里路程，幾乎橫跨了半個香港。的哥陳智傑 5 點起床，做了新冠快速自測後趕到柴灣去接送醫護人員上班。

疫情之下香港醫療系統超負荷運轉，一綫醫護人員在超高壓力下頑強堅守。

為了趕 7 點的早班，北大嶼山醫院的麻醉師助理馬小姐四點多就要起床，再花費近兩個小時去上班。疫情下公交綫路調整，班次縮減，她的上班路難上加難。

通過朋友介紹，馬小姐撥通了抗疫的士熱綫。早上五點半，陳智傑已經等在她家樓下了。

核實了馬小姐的醫護身份，陳智傑告知她自己早上新冠快速檢測為陰性，並介紹了車上有洗手液、消毒濕巾等防疫物品，隨即開車出發。

"如果我的工作能縮減醫護人員通勤時間，我就很開心。"為了讓馬小姐在車上休息，陳智傑一路不再說話。抵達後，馬小姐連聲感謝。

陳智傑加入的"愛心抗疫車隊"是由香港的士總會青年聯合會組織的，義務運送抗疫物資及接送一綫醫護人員，不收車費，也沒有政府補貼。活動一經發起，就有一百多名的哥參與。原本計劃 2 月 18 日起兩週的愛心行動，被"默認"延續下來。

"就像我們用的防疫物資也來自社會捐助，疫情當前，大家有錢出錢，有力出力。"陳智傑說。

如今，陳智傑每天六七次義務接送醫護人員往返醫院，其他時間還可以正常營業。每當乘客注意到車窗上"抗疫的士"的標識，都會為他的行為點讚。

"同心同行　一路有我"

　　"搬貨、運送、分貨，再搬貨、送物資……"香港菁英會主席凌俊傑更新了朋友圈，運輸抗疫物資、接送抗疫人員、支援社區服務是他近期的主要工作。

　　"很多有心人士都希望為香港抗疫盡一份力，個人的力量很小，我們希望成立一個平台，統一、集中資源再去分配。"凌俊傑說。

　　2月20日，香港菁英會發起了"同心同行 一路有我"愛心車隊青年行動，短短24小時內，就有超過40個青年團體報名參加以及多個商戶支持，超過200部車輛及300名義工加入行動。

　　凌俊傑每天帶領團隊將社會捐贈的藥品、快速檢測包等防疫物資分裝、派發到社區居民手中。

　　"我們還有一個與綫上醫生平台合作的項目，為確診後居家隔離的新冠患者提供治療方案。"凌俊傑介紹，醫生綫上問診給出治療方案後，再由愛心車隊為新冠患者送去藥品和物資。

　　義工們往往只能將配發的物資放在門口便離開，很多居民還來不及說聲謝謝，只能透過窗子看著帶有紅色"愛心車隊"標識的車漸行漸遠。

　　"疫情下，香港人越來越團結，懂得守望相助。就像我們的口號，'同心同行 一路有我'。"凌俊傑說。

　　愛心車隊、愛心的士、抗疫的士……這些抗疫車隊行駛在香港街頭，像一條條傳遞愛心和希望的紅色飄帶。疫情下，他們是勇敢的逆行者。

　　有時沙文雄把車停在路邊，會有人通過標識認出這是抗疫的士，便走過來說"謝謝你們！""疫情下全靠你們了！"

　　"好暖心，好開心，感覺很值得。"沙文雄的眼睛笑成了彎月。（新華社香港2022年3月6日電）

疫情下的民間"救火隊"

蘇萬明

　　早出晚歸、馬不停蹄、隨時應急,這是最近一個多月來,香港公益慈善團體"匯蝶公益" 100 餘名義工的工作常態。

　　"匯蝶公益"是由香港特區立法會議員何君堯任創始人的註冊公益慈善團體。位於良田村的何君堯議員辦事處,近期求助電話不斷。穿著防護衣的義工們,把物品分裝到袋子裏、標記好目的地、裝上貨車,隨即車輛啟動,疾馳而去。

　　春節之後,香港第五波新冠肺炎疫情防控急轉直下,很多確診病例不得不禁足居家,無法外出。一方面,居家病例生活要繼續,大量需求隨之湧現,如藥品、食品、快速測試劑等,不一而足。另一方面,中央及特區政府和香港各民間團體手中的抗疫物資,也急需打通"最後一公里",讓各界愛心第一時間溫暖到最需要的市民。

　　怎麼辦?來自香港基層社區的諸多市民挺身而出,當起疫情下的民間"救火隊"。"匯蝶公益"就是其中一支。

　　"匯蝶公益"的義工中,一位頭髮花白的老先生格外引人注目。

　　他叫曾常聰,已年近古稀,家住屯門碼頭區。春節後不久,當得知"匯蝶公益"需要幫忙,他每天早上和老伴一起坐車前往良田村。

　　辦事處有義工不間斷接聽確診街坊的來電,記錄他們的求助內容、地址、聯絡電話等信息。曾先生的主要工作是把市民求助的物品分好類、裝好袋、做好標記、搬上車輛。

　　連花清瘟膠囊、退燒藥、止咳水、萬金油、快速測試劑、消毒水、午餐肉、果脯、方便麵、白米、油⋯⋯社會各界捐贈的物品通過曾先生等老年義工的手,快速入袋裝車,隨即由其他義工派往求助街坊家中。

　　"疫情沒退,我們隨時待命,會繼續做下去。"曾先生說,雖然一天要忙好幾個小時,但感覺非常有意義,家人也都全力支持。辦事處每天提供快速檢

測和防護服，他們也比較放心。

曾先生等人裝車完畢，司機義工和送貨義工就開始了一天的奔波。

司機義工羅錦榮今年 34 歲，有一部貨車，平時自己經營消毒方面的生意。2 月 18 日，當聽說"匯蝶公益"需要司機義工，他毫不猶豫地停下了自己的生意，當天就駕駛自己的貨車前往支援。

"錢可以晚一點再賺，現在幫人要緊。"他說。來到良田村，他發現還有六七位朋友也已經加入了司機義工團隊。

羅錦榮的妻子非常支持丈夫的選擇，唯一的擔心就是怕丈夫感染。但是，當她越來越多地了解到確診街坊的迫切需求，也聽說辦事處會安排上下車消毒、提供防護衣，她最終鼓勵丈夫放手去做，自己獨自照顧兩個孩子。

2 月 18 日開始，羅錦榮天天出車。和他一車的，還有幾位負責送貨上樓的義工，他們將把物品安全、快速地送到每一位求助街坊的家門口。

"哪裏有需要就去哪裏。"羅錦榮每天早上 9 點動身來良田村，裝車、消毒、做好防護、加油，大約 11 點出發。他們每天兜兜轉轉，穿街走巷，晚上 11 點回家是常態。

羅錦榮多數時候一天出一次車。但不時有緊急需求，也會一天出車兩三次。"尤其是最初兩個星期，好幾次半夜回來了，有事情又要出去。那時實在是太多人求助了。"他說，那一段時間，香港還非常寒冷，每天晚上回到家中，他已經累得不想動彈，可第二天又繼續出發。

時至今日，港島、九龍、新界，羅錦榮已經走了很多遍。沙頭角等偏僻的禁區附近，也曾留下他們的足跡。

王西萍是從 2 月 20 日開始成為"匯蝶公益"跟車送貨義工的。她一開始也有點擔心，因為求助對象是確診患者，"我分分鐘可能'中招'。但是如果我們不幫忙，他們就可能沒有食物吃、沒有藥品用，那就太慘了！"

最遲在 11 點左右，王西萍會來到良田村，坐上送貨車。車子每快到一個目的地的時候，她會電話通知求助的街坊。車輛剛剛停下，她便下車，拎起物品袋上樓，到街坊家敲門提醒，然後轉身下樓，奔向下一個目的地……

● 義工將物品送到求助街坊家中　受訪者 供圖

● <u>義工將求助街坊所需的物品裝車</u> 受訪者 供圖

"每天上樓十多次。每天送完，人都快散架了。"王西萍說。因為穿著防護服，每天她身上都被汗水濕透好幾回。有一次她到深水埗一座唐樓送貨，拎著兩袋共 10 來斤重的米、麵、罐頭和藥，一口氣爬了 7 樓。

　　兩個刻骨銘心的細節，激勵著王西萍快一些、再快一些。

　　一天，她給香港仔一位確診老人送貨，老人隔著家門表示感謝。那真誠但卻有氣無力的聲音，頓時讓她淚流滿面。還有一天，已經是晚上 8 點多，他們在沙田送完最後一單正打算回家，接到辦事處通知，東涌有一家三口確診，當中還有一位小朋友，急需退燒藥。他們二話不說，驅車 1 個多小時，把車上的備貨送到了。男主人激動地表示：轉陰之後也要去做義工，幫助更多街坊！

　　"每當想到那些，我就不覺得辛苦了！還有一分力就繼續出一分力，幫得一個算一個！"王西萍說。

　　"匯蝶公益社區抗疫緊急援助計劃" 1 月 16 日正式啟動，至 3 月 12 日，共設立 5 條熱綫電話及 5 條輔助支援電話，動員義工 100 多名，累計提供 12700 餘個義工時數，向超過 1000 個家庭、3000 位市民派發了藥物、食物及抗疫消毒物品等；向居民組織、教會、少數族裔等派送口罩、藥物等物品，惠及 3 萬餘人次；通過電話為 1500 多人次提供了抗疫問題解答、情緒支援、轉介政府部門、協助申請資助等服務。

　　"匯蝶公益" 只是香港第五波疫情爆發以來，香港眾多民間團體自告奮勇組織 "救火隊"、積極參與抗擊疫情的一個代表。當前，疫情仍未消退，越來越多民間 "救火隊" 正在組織起來，織起一張越來越大、越來越密的支援網，兜起越來越多確診市民的日常生活。

　　香港特區政府署理民政事務局局長陳積志近日接受新華社記者專訪時動情地表示，要戰勝疫情，除了特區政府之外，民間力量也非常重要。各個同鄉會、社團及基層組織紛紛組織義工隊，出錢出力出物資，踴躍參與抗疫，充分彰顯香港社會眾志成城的決心。（新華社香港 2022 年 3 月 21 日電）

援建醫院：
"中央最好的禮物"

王旭

明黃、雪青、淺紫……六棟色彩淡雅的兩層樓房在夕陽下熠熠生輝。

這是坐落在香港亞洲博覽館旁邊的北大嶼山醫院香港感染控制中心，中央援港抗疫三大項目中的最後一項。醫院即將交付香港方面時，中建國際醫療公司總經理張毅感慨萬千："我一直給團隊講，給香港人士講，中央給香港的禮物一定是最好的。如今，這個承諾我們完成了。"

四個月完成的複雜工程

張毅剛剛接到任務指令的時候有點犯懵：用最短時間為香港建設一家負壓病房醫院。作為醫院工程的承建方，除了一個建院地址，他沒有得到更多信息。

這是 2020 年 7 月底，第三波新冠肺炎疫情正在香港肆虐。中央政府為幫助香港抗擊疫情，接受特區政府請求，緊急支援香港。支援香港核酸檢測、興建分別用於隔離的方艙醫院和用於救治的負壓臨時醫院三大支援項目開始籌劃實施。

興建負壓臨時醫院是其中最複雜、最艱難的工程。"哪有一項工程策劃和設計同時開始？搶時間，一切為時間讓路，所有的常規全部打破。" 張毅介紹，為了減少可能出現更改設計的情況，經常同時策劃兩套方案，"就像主體結構，一開始就做了鋼結構和混凝土結構兩套方案，最後採用的是鋼結構。"

2020 年 9 月正式簽約，要求在 4 個月內建造完成。"當時定的是 '臨時醫

院'，但標準卻是永久性建築，比如達到抗擊 10 號颶風要求。"

一位香港專家曾擔心，按正常規程，在香港建一所這樣的醫院需要 4 年。他難以想像如何在 4 個月內完成建設。

無論項目多麼複雜，程序必須一絲不苟。"再緊急的工程項目，所有程序一項不能少，節點檢測一個都不能省，所有需要審批的部門一個不能落下。"這個項目溝通部門之多也十分罕見，一共有 27 個特區政府部門及公營機構參與其中。

複雜的豈止是程序。從策劃到設計，從生產到施工，從採購到運輸，所有環節都相當複雜。按香港標準，有很多部件、設備必須全球採購，有冷凍機組需要 4 個月才能到貨，何況這是在新冠肺炎疫情全球蔓延的情況下。中建國際創造性地將設備拆分採購，輔之以特別運輸，一個多月將機組就位。

　　搶速度靠的更多是央企的承擔。這是香港第一家運用組裝合成建造
（MiC）技術建造負壓隔離病房的醫院。病房單元由中建國際設在珠海的海龍
工廠生產，再運到香港組裝。項目現場副總指揮陳誠告訴記者，為了確保中央
援港項目按時交付，中建寧願停掉其他項目，將生產綫全力轉向香港。

最好的 "智慧工程"

　　"中央給香港的禮物一定是最好的。" 張毅在給香港人士介紹醫院建設情
況的時候，總要說這句話，他也有底氣這樣說。

　　這是香港第一家 MiC 全負壓隔離病房醫院，要對付的是嚴重傳染病，意
味著對病毒的嚴防死守，冷氣系統、病房氣密性、排污排氣要求極高。梯級負
壓、每小時新風換氣 12 次、氣密性達到 ASTM EM779 水平、排出空氣病毒

● <u>工人在做大樓外立面的清潔美化工作</u>　王申　攝

241

過濾效率達 99.97%……除此之外，每個病房都有送入物品的互鎖式消毒傳遞窗，房門口有感應系統。"設計就考慮給醫護人員最大保護，這個感應可使病人和醫護不觸碰把手就開門。"陳誠說。

這家防護標準最高的醫院，也是最好的"智慧工程"。

明亮的走廊裏，一名員工在記者面前打開一部平板電腦。屏幕上走廊的實景中，疊加上了天花板的風、電、水等各種隱蔽管綫圖。"這是增強虛擬現實技術的應用，施工安裝可動態呈現、共享，直觀方便，大大加快安裝速度。"

"再看這兒。"他把手機指向了天花板透明的一段，那裏有一個二維碼。掃一下，輸入驗證碼，整段管綫即在手機上顯現出來，"未來檢修掃碼即可知道隱蔽管綫情況。"

建這家醫院最難的是什麼？

"是建設期間防控疫情。"張毅說，整個建設期間，香港疫情嚴峻，有工地爆發群組感染，造成整個工地停工。"我們的項目最高時施工人員有 4000 多，管理人員 300 多。如出現疫情，後果難料。"

智慧施工系統給防控疫情以極大幫助。他拿給記者一個頭盔，上面有一塊芯片。"指揮部可通過工人動態管理系統實時監測每個工人的位置、接觸者，排除安全隱患。"面前的大型顯示屏上，人員狀況一目了然。

"一國兩制" 優勢的生動體現

黧黑的面孔，樸實的笑容。張德華在中建是有 40 年以上工齡的香港老員工。

他的話語也質樸無華："我們 4 個月都沒有放過假，24 小時趕工來完成這一項工程，這是中央政府支持我們香港的醫院，能參與這個工程感覺很榮幸。"

中建國際在香港耕耘超過 40 年，本地 5000 多員工中，九成五是香港市民。在這個體現中央支援的特殊項目中，無論內地員工還是香港員工，都有了一個共同的情感紐帶："能幫到香港"。

香港特區政府各部門以及相關機構給予了最大幫助。發展局全面統籌項目，建築署監督管理，醫管局等積極配合。病房單元從內地運來，海關提供方便，香港警方派出警車開道。項目組需要無人機拍攝，近在咫尺的香港機場特意開綠燈，在早晨開啟了 15 分鐘的時間窗口。

中建也把央企、國企特有的政治優勢、政治擔當帶到了香港。

第一時間組建最高規格指揮部，第一時間抽調精兵強將上戰場，第一時間由 85 名內派青年骨幹組成青年突擊隊。張毅、陳誠都是突擊隊隊員。

"不辱使命，不負韶華"，按著鮮紅手印的請戰書上，有著滾燙的心聲。

中央支援、香港標準、深圳速度、央企擔當！在這一特殊工程上，"一國兩制"優勢有了最生動體現。

今年 1 月 20 日，正式命名為北大嶼山醫院香港感染控制中心的香港臨時醫院正式交付香港方面。

中建給所有參加建設的員工製作了紀念章。這個有著鮮明國企傳統的紀念章成為香港員工珍愛的收藏。

"能完成中央囑託，參建這一特殊項目，是我一生的榮耀。"張毅這樣說。(新華社香港 2021 年 1 月 21 日電)

內地支援香港核酸檢測圖景掃描

劉斐　朱宇軒

　　週五上午 9 時 45 分，香港上班族剛開始一天工作的時候，龔文波卻是剛結束一天的工作。

　　"我這週是夜班，從晚上 9 點到早上 9 點。" 正在吃早餐的龔文波對記者說。

　　龔文波是深圳市人民醫院檢驗科副主任，目前人在香港的他有另一個身份——內地核酸檢測支援隊成員，負責一個百人左右檢測團隊的協調工作。

　　7 月初以來，香港爆發新一輪新冠肺炎疫情，確診病例數量多、感染源頭不明個案多、社區傳播風險高，特區公營檢測機構不堪重負。應特區政府請求，中央政府迅速組建內地核酸檢測支援隊赴港無償協助抗擊疫情。

　　8 月 2 日，內地核酸檢測支援隊 7 名先遣隊隊員抵港，同香港有關部門對接，熟悉香港的檢測場地、設備以及流程等，為後續大規模的核酸檢測打下基礎。

　　先遣隊隊長郭鵬豪說，相信有國家作為堅強後盾，內地核酸檢測支援隊一定能和香港市民一起戰勝疫情，"我們對此充滿信心！"

　　然而，先遣隊抵達後，幾乎每天都有人到其駐地和考察點進行騷擾。事實上，自從特區政府向中央發出援助請求，香港就有一撥人不斷抹黑、破壞中央協助香港抗疫工作。

　　面對騷擾破壞，冒著疫情風險，先遣隊迅速展開工作。"剛開始還有些緊張和忐忑，對最終能不能順利檢測有些擔憂。" 龔文波向記者坦言。

　　這個庚子年對龔文波而言是奔波的：開年在深圳市人民醫院籌建新冠病

毒核酸檢測實驗室；3月初支援深圳市第三人民醫院檢驗科，一幹就是四五十天；6月趕赴北京抗擊疫情，對口支援朝陽區雙橋醫院組建核酸檢測實驗室。

剛回深圳休整完又來港抗疫，龔文波說，大部分香港市民對我們是有期望的，有的老人和小孩子還給我們送賀卡和花，這些鼓勵讓我們很感動。

他介紹，內地支援隊在抵港前就與香港方面有溝通，有特區政府全力支持，有華大基因全力建設"火眼實驗室"，支援隊只有全力做好檢測工作才能無愧於心。

9月1日，香港自願免費的新冠病毒普及社區檢測計劃開始實施。有意參加檢測的市民先在網上預約，在預約的時段和地點由經過醫療或護理訓練的人員採集鼻腔和咽喉合併拭子樣本做化驗。檢測結果呈陰性的人員會收到短信通知，而陽性樣本則由特區政府衛生署立即跟進。

全港141個檢測中心有99個第1日當天預約滿額，更有14個第一週均滿額。"今日已經做了檢測，政府安排很到位，秩序井然，醫護及工作人員盡心盡責，講解清晰。辛苦晒！"香港網民"Sam Lam"在社交媒體上留言分享心得。

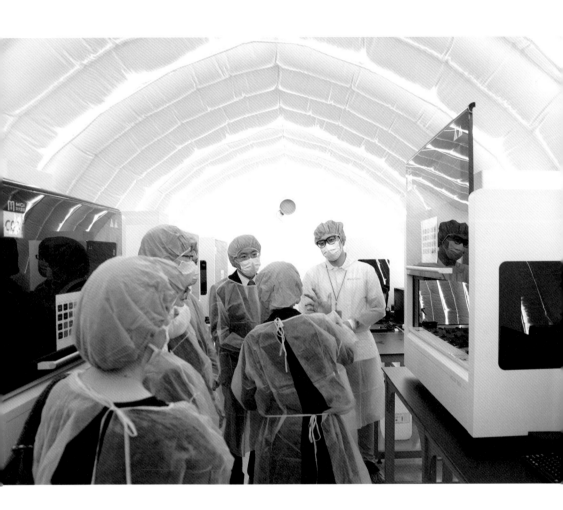

內地支援香港核酸檢測圖景掃描

視頻記者：仇博、林寧、萬後德、梁嘉駿、周錦銘

隨著廣東、廣西和福建的後續支援隊隊員抵港，截至 4 日共有 420 餘名內地支援隊隊員在港協助大規模核酸檢測。

華大基因香港"火眼實驗室"前綫總指揮曹蘇傑說，實驗室承擔的是篩查任務。採樣管上只有一行編碼，檢測人員無法從中獲取被採樣人信息，實驗室僅判斷得出檢測結果，並將其上傳至特區政府的系統中。

龔文波在"火眼實驗室"的團隊每天可檢測 10 多萬單管樣本。"整體檢測流程跟內地區別不大，只是根據香港的規範和法令有所微調。"龔文波說。

雙眼熬出血絲，眼下烏青……來自廣東的支援隊隊員羅水光已經在"火眼實驗室"連續工作了三個通宵。"確實很辛苦，但來香港支援抗疫前，我已經做好了生理、心理雙重準備了，一定要全力以赴。"羅水光啞著嗓子告訴記者。

"90 後"羅水光今年剛滿 30 歲，是東莞市黃江醫院檢驗科的一名主管技師。在從醫第 6 個年頭，他主動報名支援香港，成為內地第三批支援香港核酸檢測隊的一員。8 月 28 日，羅水光抵達香港，經過培訓後被安排在取樣組工作。

由於工作量大，取樣組需要 24 小時連軸轉，組員實行"兩班倒"：早班自 9 時到 21 時，晚班自 21 時到次日 9 時。羅水光是晚班工作人員，負責將前綫醫護採樣的市民鼻咽喉拭子樣本提取出來，以進行下一步檢測流程。

"取樣組直接與市民的檢測樣本接觸，萬一有感染者的樣本，我們感染新冠病毒的風險可以說是很大了。"談及工作風險，羅水光輕描淡寫，話語不多。

儘管位於中山紀念公園的"火眼實驗室"面朝維多利亞港，但每天結束了 12 個小時工作後，羅水光總是直接回到實驗室旁邊的酒店。"太忙啦，到現在都沒能去海邊散散步呢。"他每日只能在酒店樓梯上的長廊裏望一眼窄窄的海景。"我們隊員都戲稱它為'兩米海景'。"

"新冠病毒檢測事關全民福祉，越多人參加檢測，對香港疫情防控越有幫助。"羅水光說，"希望大家都能來檢測。"（新華社香港 2020 年 9 月 6 日電）

跨越 17 年，一位香港醫生親歷的兩次抗疫

陸敏

　　獲悉新冠肺炎病例的發現，高永文心裏咯噔一下，傳播場景如此熟悉，是不是"非典"的故事"翻版重來"？

　　2003 年在"非典"肆虐之時，高永文臨危受命，代理香港醫院管理局行政總裁，直接參與了抗擊"非典"的一綫指揮。這次經歷在他的職業生涯中留下了太深的烙印，以至於此後他在任職香港特區政府食物及衛生局局長的五年間，除了去日內瓦參加世衛會議，從不敢飛離亞洲區，就怕香港出現突發疫情。

　　卸任後的高永文重新做回骨科醫生。記者看到，在他診所的小庫房裏，堆著一人高的整箱礦泉水，還有幾個大紙箱，裏面都是可重複使用的口罩，以及消毒洗手液。

　　"這些都是有心人捐贈的，之後要派發給有需要的群體。"高永文說，"香港有很多人在做（抗疫）這個事，我只是其中一員。"

17 年來從未忘記過"非典"

　　"當時的情形歷歷在目。"17 年來，高永文從未忘記過"非典"。

　　2003 年 3 月"非典"疫情在香港爆發，作為醫管局一綫指揮官，高永文目睹了疫情的慘烈，香港公共衛生安全體系的薄弱也在疫情中充分暴露。

　　"這是個很沉痛的教訓，從個體層面到管理層面，我們都明白了一個道理，不管我們自認為醫學有多麼發達，一個簡單的病毒都會帶來非常嚴重的威

脅，給人類生命造成很大的損失。"香港開始高度重視公共衛生安全，成立了衛生防護中心，建造了傳染病醫院，陸續投放了不少資源建立防護網絡和健全相關機制，以應對公共衛生安全的挑戰。

全球不時爆發各種疫症，作為自由港的香港，每日有來自全世界的人流物流進出，要守住香港公共衛生安全，高永文深知"挑戰特別大"。

2012 年，高永文就任香港特區政府食物及衛生局局長，五年任期內，他從未鬆懈過"防疫"這根弦，"我除了去日內瓦參加世衛會議，從不敢飛離亞洲區，出門前都先諮詢旅行社，一旦有突發情況，最快可以搭哪班飛機返港。"他與時任副局長的陳肇始心照不宣地分任 AB 角，"總要留一個守在香港"。

經過"非典"一役，高永文深刻認識到公共醫療系統的重要性，在醫療資源配置上他有意對此有所傾斜。當年有四塊地可以建私家醫院，他只用了兩塊，其餘的用來建公立醫院，始終警覺"不能讓公立醫院體系萎縮"。

香港的公共防護體系在新冠肺炎疫情應對上發揮了重要作用。目前每天確診病例多是境外輸入，而香港在不封城的情況下，只能依據基本公共衛生原則處理，其中檢測、隔離、接觸追蹤是最重要的三步，並且要相互配合，方能見效。

"香港在每一步都有佈局。"高永文認為，隨著控制人流、減少聚集等一

系列措施到位，他判斷疫情應該"基本可控"。

"我這裏就是一個中轉站"

　　結束在行政管理崗位的任職後，高永文再次回到他熱愛的臨床工作，做回了一名骨科醫生。

　　在高永文心裏，從醫是崇高的事業，"好好治療和保護病人是醫生的天職"。在香港，醫護人員的專業精神有目共睹。但在疫情爆發初期，受一些政治因素影響，一些醫護人員一度採取了所謂的"罷工"行動。高永文說，大敵當前，醫護人員要團結一心抗疫，新冠病毒才是我們最大的敵人。"作為一個醫護人員，底綫就是不能犧牲病人利益。"

　　抗疫期間，高永文利用自己的社會影響力，參與組織一些如"全港社區抗疫連綫"的公益團體，為抗疫奔走助力。他一方面為捐贈方和需求方做好聯繫對接，另一方面，他們成立了由 13 名專業人士組成的團隊，開設抗疫情緒支援熱綫，為有需要的市民提供服務。此外，他們還與浸會大學合作，將其捐贈的 5000 份預防新冠病毒中藥沖劑，派發給高危群體，特別是長者。

在高永文的診所裏，無論是小庫房還是辦公桌下，堆得滿滿當當的都是裝滿了口罩、消毒液等防疫物資的大紙箱。"前幾天更多，我這裏就是一個中轉站。"他笑著說。

兩地合作抗疫空間廣闊

在高永文診所的牆上，一幅由國學大師饒宗頤在百歲生日當天親筆揮毫相贈的"仁心"二字，分外醒目。

高永文癡迷博大精深的中國文化。他本是西醫出身，卻對傳統文化包括中醫文化的"天人合一""全人醫治"等理念情有獨鍾，曾經自己花了一年半時間進修中醫學。機緣巧合，2003 年 4 月"非典"肆虐的高峰期，時任香港特區行政長官董建華找他會面，說內地在中醫藥抗擊"非典"方面有不少寶貴的經驗，"應該借鑒一下"。

隨後，他帶隊到廣東省中醫院進行調研，並由此開啟了邀請廣東省中醫專家赴港，兩地專家並肩作戰，採取中西醫結合治療"非典"的合作。"非典"之後，兩地簽署了合作協議，引進內地中醫專家輪流來香港，參與臨床、教學和科研，這一做法一直延續至今。

作為全國政協委員，高永文一直致力於推動兩地醫療合作。雖然今年的兩會延期，但他的提案已經早早準備好了，三個提案都是與兩地特別是香港與大灣區其他城市的合作有關。

不僅是中西醫合作，在"非典"之後，內地與港澳已經建立了三地聯防聯控機制，每年都舉辦高層工作會議，專家也會定期研討交流。4 月 7 日，高永文在自己的辦公室參加了一個視頻會議 ——"2020 IMECC·新冠肺炎防治全球醫界高峰論壇"綫上公益研討會，不少國內外專家參與研討，特別是一些直接參與了武漢方艙醫院運營的內地專家在綫分享他們的實操經驗。高永文說，這些經驗非常有價值，香港醫療界對此非常關注。（新華社香港 2020 年 4 月 12 日電）

走近香港抗日遺跡守護者吳軍捷

王茜

2020 年 9 月初，香港西貢斬竹灣抗日英烈紀念碑被列入了新一批的國家級抗戰紀念設施、遺址名錄。消息傳來，香港老人吳軍捷的眼圈濕潤了，他認為這說明香港的抗日遺跡開始走進越來越多港人的眼中、心中。

"讓真實的遺址來講訴抗日故事，最大限度地還原歷史，是傳承歷史最好的方式。"身體清瘦、頭髮花白的吳軍捷，雖已年過七旬，但依然步履矯健地奔走在保護抗日遺跡的路上，執著地為香港年輕人逐漸失落的家國情懷找回坐標原點。

百餘抗戰遺址　殘破中訴說不堪往事

記者慕名來到西貢，尋訪被列入名錄中的斬竹灣抗日英烈紀念碑。順著山路前行，群山蒼翠中形似步槍的斬竹灣抗日英烈紀念碑，巍峨地屹立在整潔的碑園中，莊嚴肅穆。

紀念碑高 20 米，碑身正面鐫刻著"抗日英烈紀念碑"七個鎏金大字，外型及綾條十分優美。步槍的主題象徵抗日武裝力量，為人們守護著和平。1988 年，香港各界社團、新界鄉紳及海外華僑踴躍捐款，香港政府在西貢斬竹灣撥出土地修建了這座紀念碑。

香港共有林林總總百餘個抗日戰爭遺跡。不過，隨著歲月流逝，許多已經露出殘破的痕跡。西貢的清水灣檳榔村，是東江縱隊港九獨立大隊城市中隊隊部遺址所在地。遺址是一棟兩層的白色村屋，一側牆面上白色的牆皮在歲月

的剝蝕下已所剩無幾。

　　吳軍捷指著一塊緊挨村屋外牆長滿荒草的地方說：“這裏原來是隊部的廚房，廚房左前方原來是關押俘虜的小屋，這兩處已經被拆沒了。現在這兩層村屋由兄弟居住。最近聽說有一家要拆了重建，若是重建，將是香港抗日遺跡保護上的一個重大損失。”

　　在位於九龍的炮台山遺址，記者看到，這裏已是斷壁殘垣藤蔓纏繞。碉堡早已荒廢，大炮也早被拆走，一些通道及窗口上的射擊孔依然清晰可見。

　　“這裏是維多利亞港的戰略重地，是香港抗日戰爭時期英軍撤離九龍的最後一個據點。”吳軍捷告訴記者，“戰後炮台被棄，長期無人管理，有不少地方被人毀壞，沒有得到系統的修復和保護。”

喚醒歷史記憶　收攏迷失人心

　　日本侵華戰爭讓香港承受了空前的慘重災難，1941 年日軍破城後燒殺擄

掠，無惡不作。日軍佔領的 3 年 8 個月中，香港人口從 160 萬銳減到不足 60 萬。而時光的沖刷，讓當年港人的悲痛與瘡痍變成點點碎片，而年青一代的香港人對這些歷史更是不甚了了。

"您好，請問您知道這座炮台是做什麼用的嗎？"在九龍的炮台山頂，吳軍捷隨意地問向身邊的年輕人，年輕人茫然地搖搖頭。吳軍捷無奈地拍了拍殘破的斷壁頗為感慨，"每天都有很多人到這裏爬山鍛煉，但很少有人了解這些遺跡的故事。"

"英軍戰俘的集中營，香港市民被屠殺、被逼做慰安婦的受難處，在香港類似這樣的遺跡不下百處，一旦失去我們拿什麼去記憶歷史？"一說起這些，吳軍捷的眉頭就會緊緊皺起，語氣中透著焦慮。

欲知大道，必先為史。滅人之國，必先去其史。而喚醒歷史記憶和民族意識，"全社會應該共同努力，讓歷史的記憶收攏迷失的人心。"吳軍捷說。

無愧先輩無愧歷史執著前行

吳軍捷的父親曾是東江縱隊的一員。曾經縱橫商場並在跨國企業身居高位的吳軍捷，自 2004 年起就在深圳、香港、北京多地舉行抗日紀念活動。他曾組織二百多名東縱後代集體掃墓祭奠先烈，幫助美軍飛行員克爾之子在深圳、香港進行尋訪，捐建東江縱隊歷史研究會，策劃主辦抗戰展覽……

　　事非經過不知難。當記者問他，16 年來，遇到難題的時候想過退出嗎？老先生的眼圈紅了，"我在 2015 年退休前是業餘做這項工作，退休後就是全職去做了，當然是沒有工資的。有時遇到難題，真想一放了之！但是冷靜下來想一想，如不堅持做下去，就對不起先輩，對不起歷史，對不起自己的良心啊！"

　　說起下一步的打算，吳軍捷的眼睛瞬間亮了起來，"我們抗戰歷史研究會正在製作宣傳冊子，預計參加今年 12 月的香港書展，打算編寫《香港抗戰遺址名錄》，建網站宣傳遺址保護，還將開展 '尋找三年零八個月見證人' 活動⋯⋯"

　　站在九龍炮台山的山頂，吳軍捷老先生臨風而立，"香港抗戰遺跡的保護，是為了記住先人的歷史，知道前輩受過怎樣的災難，我們應該得到哪些教訓。要學會如何對蒼生憐憫，對英雄敬畏，思考如何避免災難的重臨，這也是我們對歷史的交代，對下一代的交代。"（新華社香港 2020 年 9 月 20 日電）

暖心"家園"：扶貧助弱有尊嚴

陸敏　蘇萬明

下午 4 點左右，香港沙田區乙明村的一家家園便利店，小小的店裏擠滿了顧客，牆上懸掛著"不牟利，為基層，每日幫你慳少少"的橫幅，十分醒目。

顧客郭先生正在店裏選購商品。"這裏每包只要 0.75 港元，外面的一般在 2 港元以上。"他指著購物筐裏的一包米粉說。郭先生家住沙田，雖然走路到此要花半個多小時，但幾年來，他一直來這裏購買食品和日常用品。"家裏 4 口人，每月少則省幾十元，多則能省兩三百元。"他說。

分店 11 家　會員 20 萬

家園便利店是香港李兆基基金會撥款支持的慈善機構，首創不牟利連鎖店形式，專為低收入及綜援家庭、長者、傷殘人士、新移民、少數族裔等弱勢社群服務，自 2012 年推出首家便利店以來，目前在香港已有 11 家分店，會員人數約 20 萬。

"做慈善可以有很多方式，家園便利店的獨創性在於以商業形式扶助貧弱。傳統慈善是直接給錢或給物，家園便利店通過在底層市民較多的區域開設商鋪，讓底層市民或弱勢群體來這裏購買生活必需品，持續扶貧助弱。"家園基金有限公司總幹事鄭惠珍說，"這樣的扶貧不是高高在上地施捨，而是細水長流地為他們省錢減負，他們花自己的錢買東西而非接受接濟，不會傷害他們的自尊。"

香港人愛煲湯。"五指毛桃湯"是家園便利店最近推出的自有品牌，很受會員們歡迎。"很便宜，12 港元一包，外面的要 20 港元呢。"家住黃大仙的余老先生一邊翻看貨架上的湯料一邊說。

　　鄭惠珍告訴記者，家園便利店目前已投放 3400 多種商品，以食品和日用品為主，價格大概是市面上的七五折。"我們還推出了自有品牌，如米、紙品、毛巾、湯包等。" 鄭惠珍說，推出自有品牌是為了能更大程度地讓利給顧客，幫扶香港低收入及弱勢群體。

　　鍾老先生獨自坐著電動輪椅來到店裏，要了三袋 5 公斤裝的 "家園" 牌香米。"老街坊都說這米好，我就買了。我家的日常用品都在這買，這家信得過！" 他樂呵呵地刷了會員卡付賬，超市員工一邊和老爺子說笑，一邊幫他把米搬到輪椅處。

既扶貧　又助殘

　　今年 35 歲的譚偉業是輕度智障人士，他已經在乙明邨家園便利店工作 3 年了，負責理貨、收銀等，有時還要給周邊的顧客送貨。譚偉業經常會捎帶著把一些老人的貨物擱到車上，送貨上門。"在這裏工作很開心。" 他告訴記者，自己月薪萬元左右，已經是店裏外送服務的負責人了，將來還可能升職。如今的他，覺得生活有盼頭。

　　乙明邨店目前的 12 名員工中，有 7 人是智力障礙或精神康復人士。家園

● 家園基金有限公司總幹事鄭惠珍（左）和創業軒幹事張光仁在乙明邨家園便利店門口做出"愛心"手勢 吳曉初 攝

便利店和一家專注於殘疾人就業服務的非政府機構"創業軒"合作，幫助他們建立自信，自食其力，融入社會。創業軒幹事張光仁說，殘障人士就業比較難，有時還會因為生理缺陷而遭到嘲笑或嫌棄，因此他們常常在工作中飽受委屈。"在'家園'就不存在這樣的情況。"

乙明村店店長吳振宇說，店裏會專門對健全員工進行培訓，讓他們了解如何尊重和關照殘障同事，大家都懂得在店裏工作本身就是在做慈善，因此，整個團隊氛圍溫情友愛。

據了解，家園便利店現有員工 93 人，其中四分之一為殘障或更生（刑滿釋放）人士。

"家園"如家　愛助前行

在很多街坊和義工心裏，"家園"已遠遠超越了一家普通便利店的意義。

住在沙田第一城的梁奶奶已經 70 多歲，每週要專程坐公交車來好幾趟。她說，購物省錢是一方面，更重要的是，老街坊老朋友經常可以在這裏碰面，一起聊聊天。她說："這裏有家的感覺，員工都很有愛，我可喜歡他們這裏了。"

近年來，家園便利店與香港義務工作發展局及香港長者協會、單親協會

等多家社會機構合作，把扶貧助弱的範圍進一步拓展，形式也更為豐富。"家園"專門招募了100多位義工，協助舉辦相關活動，例如免費"派飯"服務、免費派"福袋"或提供義務健康檢查等。

余老先生是家園便利店的常客，他自己也是義工，多次參加店裏定期舉辦的免費"派飯"服務。余老先生說，香港有不少貧困人群，光靠政府支援也力不從心，只有社會齊心互助，"大家互相伸把手，日子也就不那麼難了"。

香港租金昂貴，對於家園便利店來說，最大的難處是需要找到租金合適的店鋪，此外也需要跟更多品牌供應商合作，為進貨提供更多折扣。鄭惠珍的願景是，將來在香港十八區，每個區都能有一間家園便利店，員工開心工作，顧客賓至如歸。

鹽、生粉、通心粉、魚罐頭、餅乾……余老先生買了滿滿一袋子食品走出便利店。"一共70多港元，比外面便宜50港元左右。" 他指指身後的店面說，"他們是在做善事，希望這樣的店再多開幾家，面積再大一點，生意再好一點！"（新華社香港2020年1月19日電）

暖心"家園"：扶貧助弱有尊嚴
視頻記者：萬後德

銀杏館的 "平安盒飯"

洪雪華

　　餐廳裏，蒸熟的米飯散發著水汽，香氣四溢。廚師的身影在水汽中若隱若現，大鐵勺與鐵鍋的碰撞聲不絕於耳。餐廳外，長龍般的隊伍焦急等待著。

　　2019 年 5 月起，銀杏館餐廳開始免費派發 "平安盒飯"。上午 11 點至 12 點和傍晚 4 點至 5 點，是午餐和晚餐的派發時間，餐廳門口總會排起長龍，排隊者有露宿者、失業者，還有老人。

　　2020 年上半年，這間餐廳每天派發逾 600 份盒飯。2020 年 4 月起，其旗下其他 4 間餐廳免費派發午餐，5 間餐廳每天共派發逾 1000 份盒飯。

"能幫一個是一個"

　　每份盒飯都有一個好聽的名字，叫 "平安盒飯"。盒飯有兩葷一素三種選擇，排隊者可以選擇其中一種。銀杏館行政總裁麥敏媚說，因為銀杏館餐廳位於油麻地彌敦道的平安大樓，而且她希望領到盒飯的人平安有福氣。

　　銀杏館成立於 2003 年，是香港首間推動老人就業的社會企業，十幾年來一直致力於幫助底層弱勢群體。

　　但不是所有人都能領 "平安盒飯"。銀杏館規定：排隊者憑飯卡領盒飯。登記飯卡前，需填寫個人信息及領取原因。

　　銀杏館會根據排隊者的具體情況分發飯卡，飯卡登記本上寫著各種原因：貧窮、失業、無家可歸。派發 "平安盒飯" 以來，銀杏館累計發出逾 2800 張飯卡。

　　曾有一位衣著樸素的老人在銀杏館餐廳門口徘徊。

　　"可以登記飯卡嗎？" 他說，是鼓足了勇氣才來的。

"您為什麼登記飯卡？" 麥敏媚問。

"沒工作，沒收入。" 麥敏媚將名片大小的飯卡交給他，飯卡上寫著：堅信明天比今天更好。老人是當天第 5 個登記飯卡的人，前面 4 人都是露宿者。

像老人一樣通過 "平安盒飯" 解決溫飽的人，還有很多。根據香港特區政府統計處最新數據，香港 3 月至 5 月失業率為 5.9%，為 15 年來新高。

"能幫一個是一個。" 麥敏媚說，她希望那些生活困難的人，在重新找到工作之前，得到這樣一個短暫喘息的機會。

"一頓都不能停！"

2 月的第一個星期，因生意慘淡，銀杏館餐廳暫停派發晚餐。

"一頓都不能停！" 第二個星期，餐廳恢復派發晚餐。

有七旬老人露宿在土瓜灣一個公園裏，為了領盒飯徒步幾個小時。他告訴麥敏媚，找到工作就歸還飯卡。後來，他找到一份兼職，還是無法歸還飯卡。麥敏媚說："你不用擔心，我們給你留一份。"

香港有這樣一群人，他們因為失業等原因而成為露宿者。香港特區政府社會福利署最新數據顯示，香港露宿者有 1423 人。

新冠肺炎疫情期間，社區食堂等機構暫時關閉，低收入群體難上加難。

可需要"平安盒飯"的人越來越多，面臨虧損的銀杏館能堅持多久？

善意源源而來。有父母帶著孩子來捐款，孩子說用壓歲錢給老人們買盒飯。有新界菜農帶來剛採摘的數十斤蔬菜，滿頭大汗。

銀杏館製作了一個捐款網頁，每個人可以自願認購一份價值 38 港元的"平安盒飯"，通過銀杏館捐贈給需要的人。餐廳門口擺著一張兩米高的海報：扶助弱勢群體，包括貧困老人、露宿者、綜援家庭、劏房戶、殘疾人士等。

"希望有人來領盒飯，又希望領的人少一點。"麥敏媚很矛盾，"平安盒飯"無法從根本上解決問題，只有更多人找到工作，情況才會好轉。

銀杏館通常把工作機會優先留給老人，目前共有 135 名老齡員工，累計聘用的老年人超過 3000 人。香港特區政府投放大量資源為基層市民提供恆常現金項目、非恆常現金和非現金福利，以解決貧困人口問題。

老人眼中的"義工姑娘們"

然而，3 個月前，銀杏館收到一封投訴信。

有平安大樓的住戶投訴，理由是：排隊者佔據和弄髒公共場所。簡短的投訴理由，足以終止"平安盒飯"計劃。

"盒飯千萬不能停啊！"老人們眼中溫和的麥敏媚，很少表現得如此急躁。

麥敏媚曾是社會工作者，主要幫助老人解決生活問題，老人們喜歡叫她"麥姑娘"。派發盒飯前，緊張的"麥姑娘"站在餐廳門口一遍遍喊著："保持安全距離，不要留下垃圾。"

新冠肺炎疫情形勢最緊張時，香港特區政府曾禁止市民在公眾地方進行多於 4 人的群組聚集。銀杏館建議排隊者幾個人一組，保持 1.5 米的社交距離。

投訴的聲音漸漸平息。但不減反增的盒飯需求量讓銀杏館餐廳面臨新難題：人手不夠。"疫情期間，大家都不敢出門了。"麥敏媚說。

後來，義工姑娘們出現了，最多時一天有 9 名義工。她們"全副武裝"，戴著口罩、護目鏡、帽子、手套。

在"修例風波"和新冠肺炎疫情的雙重打擊下，香港多間餐廳裁員甚至結銀杏館的"平安盒飯"
視頻記者：蔣佳璇 譚佳銘

業，銀杏館收入銳減，但沒有解僱一位老齡員工。香港特區政府因應疫情推出承擔額達 810 億港元的"保就業"計劃，向僱主提供有時限的財政支援，以協助他們保留原本會被遣散的員工。

麥敏媚不知道盒飯還要派發多久，但只要有人需要，就會堅持下去。不久前，一位失業的年輕人找到工作後歸還了飯卡，這是她數月以來最開心的事。

餐廳門口的走廊沒有窗戶，陽光無法透進，如果不開燈，一片漆黑。"平安盒飯"就像那走廊上的燈，照亮了排隊者的生活。（新華社香港 2020 年 6 月 21 日電）

責任編輯　　李　斌
書籍設計　　吳冠曼

書　　名　　吾國吾港：獅子山下的講述
主　　編　　辛華
出　　版　　三聯書店（香港）有限公司
　　　　　　香港北角英皇道 499 號北角工業大廈 20 樓
　　　　　　Joint Publishing (H.K.) Co., Ltd.
　　　　　　20/F., North Point Industrial Building,
　　　　　　499 King's Road, North Point, Hong Kong
香港發行　　香港聯合書刊物流有限公司
　　　　　　香港新界荃灣德士古道 220-248 號 16 樓
版　　次　　2022 年 7 月香港第一版第一次印刷
規　　格　　16 開（165 mm × 240 mm）272 面
國際書號　　ISBN 978-962-04-5030-3